GRUPPEN-ARBEITSBUCH für Eltern

Carol Markie-Dadds
Karen M.T. Turner
Matthew R. Sanders

von
Carol Markie-Dadds
Karen M.T. Turner
Matthew R. Sanders
und Health Department of Western Australia

Deutsche Bearbeitung:
Christoph-Dornier-Stiftung für Klinische Psychologie
Institut Braunschweig

Englische Ausgabe:
Published by Families International Publishing Pty. Ltd. A.C.N. 079 825 817
PO Box 1300 – Milton QLD 4064
Website: www.families.com.au

Designed and typeset in Goudy 10.5/12.5
by Australian Academic Press, Brisbane

Deutsche Ausgabe:
Herausgeber: PAG Institut für Psychologie AG
Verlag für Psychotherapie, Münster

ISBN 3-931521-12-5

Cover design by Andrea Cox
Cartoons by Heck Lindsay

Inhalt

Über die Autoren iv

Vorwort v

Sitzung 1
Positive Erziehung 1

Sitzung 2
Förderung der kindlichen Entwicklung 25

Sitzung 3
Umgang mit Problemverhalten 39

Sitzung 4
Vorausplanen 59

Sitzung 5
Einsatz von Erziehungsroutinen 1 73

Sitzung 6
Einsatz von Erziehungsroutinen 2 77

Sitzung 7
Einsatz von Erziehungsroutinen 3 81

Sitzung 8
Abschlusssitzung 85

Arbeitsblätter 91

Danksagung

Der hier vorgestellte Ansatz der „Positiven Erziehung“ (Triple P = Positive Parenting Program) wurde in zwölfjähriger Forschung an der Universität von Queensland in Australien entwickelt. In enger Zusammenarbeit mit Familien wurden am dortigen Forschungszentrum Ideen entwickelt, die beim Umgang mit häufigen kindlichen Verhaltensauffälligkeiten wie z. B. Schlaf- oder Essproblemen, Gequengel, Ungehorsam, Wutanfällen oder Aggressionen und anderen täglich erlebten Schwierigkeiten Hilfestellung bieten können. Viele der in dieser Broschüre dargestellten Ideen und Prinzipien der positiven Erziehung sind das Ergebnis von Erfahrungen und Rückmeldungen der zahlreichen Eltern und Kinder, die an der Forschung und den Therapieprogrammen beteiligt waren. Ihnen ist Triple P gewidmet.

Über die Autoren

Carol Markie-Dadds und **Karen Turner** sind Klinische Psychologinnen an der Universität von Queensland. Als Therapeutinnen und Koordinatorinnen des Triple P-Programms im Parenting-and-Family-Support-Centre haben beide umfassende wissenschaftliche und praktische klinische Erfahrung in der Arbeit mit Familien und Kindern mit Verhaltensauffälligkeiten und emotionalen Problemen.

Prof. Dr. Matthew Sanders ist Professor für Klinische Psychologie, Verhaltenstherapeut und Leiter des Parenting-and-Family-Support-Centre der Universität von Queensland. In den letzten 20 Jahren hat Professor Sanders für seine Forschung im Bereich Verhaltensauffälligkeiten im Kindesalter und Interaktion in der Familie internationale Anerkennung erlangt.

Prof. Dr. Kurt Hahlweg ist Professor für Klinische Psychologie, Psychotherapie und Diagnostik am Institut für Psychologie der Technischen Universität Braunschweig und wissenschaftlicher Leiter des Instituts Braunschweig der Christoph-Dornier-Stiftung für Klinische Psychologie. Als internationaler Experte für Ehetherapie und Prävention von Beziehungsstörungen führte er die weltweit umfangreichsten Wirksamkeitsstudien in diesen Bereichen durch und ist Autor von zahlreichen Beiträgen in Fachzeitschriften und Büchern und Mitautor des deutschen Standardwerks für verhaltenstherapeutische Ehetherapie.

Vorwort

Ziel des „Positiven Erziehungsprogramms" ist es, Elternschaft etwas leichter und dadurch schöner zu machen. Dieses Gruppenarbeitsbuch gibt einige Anregungen, die Ihnen helfen sollen, eine gute Beziehung zu Ihrem Kind aufzubauen und ihm bei seiner Entwicklung zu helfen.

Alle Eltern wissen, dass Elternschaft sehr schön und beglückend, aber nicht immer einfach ist. Oft kann die Erziehung von Kindern auch anstrengend und frustrierend sein. Die nächste Generation heranzuziehen, ist für Eltern eine verantwortungsvolle Aufgabe - und doch beginnen die meisten ihre „elterliche Karriere" ohne Vorbereitung auf das, was auf sie zukommt. Sie lernen durch Versuch und Irrtum. Glückliche, gesunde und anpassungsfähige Kinder in einer liebevollen Umgebung großzuziehen, stellt für alle Eltern eine große Herausforderung dar.

„Die richtige Erziehung" gibt es nicht. Sie als Eltern entscheiden, welche Werte, Fähigkeiten und Verhaltensweisen Sie bei Ihrem Kind fördern möchten und wie Sie auf das Verhalten Ihres Kindes reagieren.

Das Gruppenarbeitsbuch für Eltern wurde zusammen mit dem Triple P-Gruppenprogramm entwickelt. Neben diesem Arbeitsbuch gibt es eine Reihe von Triple P-Erziehungsratgebern: die Triple P-Broschüre und die „Kleinen Helfer" für verschiedene Altersstufen (Säuglinge, Kleinkinder, Kindergartenkinder und Grundschulkinder), die sich jeweils auf spezielle Problembereiche (z. B. selbstständig essen, Aggressionen, Sprache) beziehen. Während der Gruppensitzungen werden Ausschnitte aus dem Begleitvideo „Überlebenshilfe für Eltern" gezeigt. Hier werden die Ideen und Anregungen der „Positiven Erziehung" bildlich dargestellt, und es wird beschrieben, wie Eltern mit speziellen Problemen bei Kindern umgehen können.

Wir empfehlen Ihnen, sich an den Gruppensitzungen aktiv zu beteiligen und viele der Übungen und Ideen zu Hause auszuprobieren. Das Programm ist so aufgebaut, dass Sie schnell damit beginnen können, die vorgestellten Erziehungsstrategien einzusetzen. Die Übungen im Gruppenarbeitsbuch werden von den Triple P-Trainern angeleitet und sind dazu gedacht, die Inhalte der Sitzungen zu vertiefen und anschaulicher zu gestalten. Außerdem wird Ihnen so die Umsetzung der Erziehungsstrategien erleichtert.

Wir hoffen, Triple P kann auch Ihnen dabei helfen, den Herausforderungen der Erziehung besser gewachsen zu sein.

Positive Erziehung

Sitzung 1

ÜBERBLICK

Während der ersten Sitzung werden die Ziele und Inhalte von Triple P eingeführt. Es wird dabei Gelegenheit geben, andere Eltern kennenzulernen und Erfahrungen auszutauschen, die Sie als Mutter oder Vater gemacht haben. Außerdem werden wir etwas Zeit damit verbringen, Triple P als einen Ansatz bei der Erziehung von Kindern zu diskutieren. Danach wird es um mögliche Faktoren gehen, die das Verhalten von Kindern beeinflussen können, und schließlich sollen Sie sich Gedanken um Ihre eigenen, ganz individuellen Ziele für dieses Gruppenprogramm machen und Ideen erhalten, wie man das Verhalten von Kindern genau beobachten kann.

ZIELE

Am Ende der ersten Sitzung sollten Sie in der Lage sein:

- positives Erziehungsverhalten zu beschreiben und zu wissen, was es beinhaltet.
- Faktoren zu identifizieren, die für das Verhalten Ihres Kindes eine Rolle spielen.
- sich Ziele zu setzen für Veränderungen im Verhalten Ihres Kindes und in Ihrem eigenen.
- mit der Beobachtung von ein oder zwei Verhaltensweisen Ihres Kindes zu beginnen.

Als Gruppe arbeiten

ÜBUNG 1 *Gruppenregeln*

Um sicherzustellen, dass es in der Gruppe gut läuft, brauchen wir ein paar einfache Regeln:

- Jeder sollte pünktlich und regelmäßig kommen und um ....start-bereit sein. Wir werden um ....fertig sein.
- Persönliche Informationen über andere Gruppenmitglieder müssen vertraulich behandelt werden und „in der Gruppe bleiben".
- Gruppenmitglieder sollten sich gegenseitig unterstützen.
- ....
....
....
....

ÜBUNG 2 *Kennenlernen*

Erzählen Sie einem anderen Gruppenmitglied etwas über sich und Ihre Familie.

ÜBUNG 3 *Erwartungen*

Erzählen Sie der Gruppe etwas über Ihre Erwartungen, d. h. warum nehmen Sie am Triple P-Gruppenprogramm teil und was möchten Sie gern davon mitnehmen.

Was ist positive Erziehung?

Positive Erziehung hat das Ziel, die kindliche Entwicklung zu fördern und mit kindlichem Verhalten in einer konstruktiven und nicht verletzenden Weise umzugehen. Grundlage dafür sind Zuwendung und eine angemessene Kommunikation. Eltern können ihren Kindern durch eine positive Erziehung helfen, ihre Fähigkeiten zu entwickeln und ein positives Selbstbild aufzubauen. Diese Kinder werden mit geringerer Wahrscheinlichkeit Verhaltensauffälligkeiten entwickeln. Die folgenden fünf Regeln bilden die Grundlage für positive Erziehung:

Sorgen Sie für eine sichere und interessante Umgebung

Kleine Kinder brauchen eine sichere Umgebung zum Spielen, insbesondere wenn sie anfangen zu krabbeln. Unfälle im Haus sind eine der häufigsten Ursachen für Verletzungen bei kleinen Kindern. Eine sichere Umgebung bedeutet auch, dass Sie als Eltern entspannter sein können, während Ihr Kind ohne Gefahr „auf Entdeckungsreise" geht. Machen Sie Ihre Wohnung sicher, indem Sie gefährliche Dinge außer Reichweite stellen, Schränke und Schubladen mit Kindersicherungen versehen und den Zugang zu gefährlichen Bereichen z. B. durch Gitter verhindern. Wenn Ihr Kind älter wird, können Sie viele dieser Einschränkungen allmählich aufheben.
Kinder brauchen auch eine interessante Umwelt, die viele Möglichkeiten und Anreize zum Entdecken, Erforschen, Ausprobieren und zur Entwicklung ihrer Fähigkeiten bietet. Eine Wohnung voller interessanter Dinge wird sowohl die Neugier und Aktivität Ihres Kindes als auch seine Sprachentwicklung und seine geistige Entwicklung anregen. Verhaltensauffälligkeiten werden weniger wahrscheinlich auftreten.
Kinder brauchen außerdem angemessene Beaufsichtigung. Dies bedeutet, dass Eltern zu jeder Zeit wissen sollten, wo Ihr Kind sich aufhält, mit wem es zusammen ist und was es tut.

Schaffen Sie eine positive und anregende Lernatmosphäre

Eltern müssen für ihre Kinder da sein. Das bedeutet nicht, dass Sie ununterbrochen mit ihnen zusammensein müssen, sondern dass Sie für sie da sind, wenn sie Unterstützung und Zuwendung brauchen. Wenn sich Ihr Kind an Sie wendet, unterbrechen Sie wenn möglich Ihre Tätigkeit und beschäftigen Sie sich für kurze Zeit mit ihm.
Unterstützen Sie Ihr Kind dabei, etwas Neues zu lernen, indem Sie es ermutigen, Dinge selbst auszuprobieren. Ermutigung und positive Zuwendung motivieren Kinder zum Lernen. Tut Ihr Kind etwas, das Sie gut finden, bestärken Sie es durch Ihre Aufmerksamkeit und Achtung. Wenn Sie Ihrem Kind zeigen, dass Ihnen sein Verhalten gefällt, wird es dieses eher wiederholen.

Verhalten Sie sich konsequent

Wenn Eltern in ihrer Erziehung konsequent sind, lernen Kinder, selbst Verantwortung für ihr Handeln zu übernehmen, die Bedürfnisse anderer zu erkennen und Selbstdisziplin zu entwickeln. Kinder werden mit geringerer Wahrscheinlichkeit Verhaltensauffälligkeiten entwickeln, wenn ihre Eltern konstant und vorhersehbar reagieren.
Konsequent sein bedeutet, konstant (d. h. in jedem Fall) und sofort auf unangemessenes Verhalten zu reagieren und dem Kind zu vermitteln, was es statt dessen tun soll. Versucht Ihr Kind, Sie zu provozieren, sollten Sie ruhig bleiben und Schimpfwörter, Drohungen, Herumschreien und Schläge vermeiden. So können

Sie das Selbstwertgefühl Ihres Kindes wahren, gleichzeitig aber angemessenes Verhalten erreichen.

Erwarten Sie nicht zu viel

Die Erwartungen von Eltern an ihre Kinder richten sich danach, was sie für ein bestimmtes Alter für normal halten. Dabei sollten sie jedoch nicht vergessen, dass Kinder Individuen sind, die sich unterschiedlich schnell entwickeln. Kinder müssen einen gewissen Entwicklungsstand erreicht haben, bevor sie etwas Neues lernen können, wie z. B. das Benutzen der Toilette und das selbstständige Anziehen oder Essen. Wenn Sie unsicher sind, ob Ihr Kind für das Erlernen neuer Fertigkeiten bereit ist, suchen Sie sich eventuell professionelle Hilfe.

Probleme können auftreten, wenn Eltern zu früh zu viel erwarten oder wenn sie glauben, ihr Kind müsste perfekt sein. Wenn Eltern beispielsweise verlangen, dass ihre Kinder immer höflich, fröhlich und hilfsbereit oder immer ordentlich sind, kann dies zu Enttäuschungen und Konflikten führen.

Ebenso wichtig ist es für Eltern, realistische Erwartungen an sich selbst zu haben. Zwar wird jeder versuchen, das Beste zu geben, aber das Streben nach Perfektion kann schnell zu Überforderung und Frustration führen. Seien Sie nicht zu hart zu sich selbst. Jeder lernt durch Erfahrung.

Beachten Sie Ihre eigenen Bedürfnisse

Es ist einfacher für Sie, Ihre Elternrolle zu erfüllen, wenn Sie auch Ihr persönliches Bedürfnis nach Zeit, Erholung und Zweisamkeit beachten. Gute Eltern zu sein bedeutet nicht, dass Ihre Kinder Ihr Leben beherrschen. Nur wenn auch Ihre eigenen Bedürfnisse erfüllt werden, sind Sie selbst ausgeglichen, und es ist viel leichter für Sie, geduldig mit Ihren Kindern umzugehen und für sie da zu sein, wenn sie Sie brauchen.

ÜBUNG 4 *Was ist Positive Erziehung?*

Welche dieser Prinzipien der Positiven Erziehung finden Sie leicht zu befolgen? Warum?

....

....

....

Welche der Prinzipien finden Sie schwierig durchzuführen? Warum?

....

....

....

....

Welche anderen Dinge sind bei der Erziehung wichtig und unterstützen die Entwicklung eines Kindes?

....

....

....

Ursachen für Verhaltensprobleme

Warum zeigen Kinder ein bestimmtes Verhalten? Wie kommt es, dass Kinder einer Familie in mancher Hinsicht sehr ähnlich und in anderer so verschieden sind? Um zu verstehen, wie sich das Verhalten von Kindern entwickelt, müssen wir drei Aspekte berücksichtigen: das genetische Erbe, das familiäre Umfeld und die Gesellschaft, in der sie leben. Diese Faktoren bestimmen einerseits die Entwicklung von Fähigkeiten und Einstellungen, andererseits beeinflussen sie das Entstehen von Verhaltensauffälligkeiten bei Kindern.

ÜBUNG 5 *Ursachen kindlicher Verhaltensauffälligkeiten identifizieren*

Um das Verhalten Ihres Kindes besser zu verstehen, lesen Sie die folgenden Informationen. Markieren Sie die Faktoren, von denen Sie glauben, dass sie bei der Entwicklung des Verhaltens Ihres Kindes eine Rolle spielen.

GENETISCHE ANLAGEN

Kinder erben einzigartige genetische Anlagen von ihren Eltern. Dies können sowohl körperliche Merkmale, wie z. B. Augenfarbe und Haar, als auch Verhaltensmuster und emotionale Eigenschaften sein. So ist es möglich, dass Kinder, die sich schlecht konzentrieren können oder die schnell verstimmt oder leicht erregbar sind, genetische Anlagen haben, die diese Schwierigkeiten wahrscheinlicher machen. Auch das Temperament können Kinder von ihren Eltern erben, z. B. wie gesellig oder aufgeschlossen, wie lebhaft oder emotional sie sind. Manche dieser Eigenschaften können den Umgang mit den Kindern erschweren. Einige Kinder verlangen z. B. sehr viel Aufmerksamkeit, andere sind sehr lebhaft und aktiv und erforschen ständig ihre Umgebung. Andere Kinder weinen sehr viel oder sorgen ständig für Aufregung, sodass es schwer ist, bestimmte Essens- oder Schlafgewohnheiten einzuführen. Natürlich entwickeln nicht alle „schwierigen" Babies später Verhaltensauffälligkeiten und umgekehrt sind nicht alle unkomplizierten Säuglinge auch automatisch unproblematische Kinder. Das Verhalten von Kindern liegt nicht nur in ihrem Temperament begründet, sondern auch in der Art, wie andere Menschen auf ihr Verhalten reagieren.

Wie war Ihr Kind, als es klein war?

- Es verlangte viel Aufmerksamkeit und Beachtung. ☐
- Es war sehr emotional und hatte Schwierigkeiten, mit seinen Gefühlen umzugehen. ☐
- Es war sehr aktiv und ständig dabei, etwas zu erforschen. ☐

Kommentare:

....

....

....

....

DAS FAMILIÄRE UMFELD

Genetische Anlagen können nicht verändert werden. Allerdings beeinflussen auch Erfahrungen, die Kinder z.B. innerhalb der Familie machen, ihre Entwicklung. Sie können Ihr familiäres Umfeld so verändern, dass die Entwicklung angemessener Verhaltensweisen bei Ihrem Kind begünstigt wird. Wenn man versteht, wie Kinder von ihrer Umgebung lernen, ist es leichter, auf Probleme zu reagieren. Dazu einige Beispiele:

Zufällige Belohnung von unerwünschtem Verhalten

Kinder lernen schnell, dass ihr Verhalten Folgen hat und dass sie das Handeln anderer kontrollieren können. Problemverhalten wird mit höherer Wahrscheinlichkeit andauern, wenn Kinder dadurch erreichen, was sie wollen. Oft wird unangemessenes Verhalten zufällig belohnt oder bringt versteckten Nutzen. „Zufällige Belohnungen" können materieller Art sein (z.B. Spielzeug als Ablenkung), aber auch Essen (z.B. Süßigkeiten) oder Aufmerksamkeit von den Eltern (z.B. Sprechen oder Lächeln, aber auch Ablenkung oder Schimpfen). Wenn Sie beispielsweise lachen oder sehr lange mit Ihrem Kind diskutieren, wenn es das erste Mal ein Schimpfwort benutzt, kann diese zusätzliche Aufmerksamkeit Ihr Kind dazu ermutigen, es häufiger zu gebrauchen.

Passieren Ihnen manchmal solche „versehentlichen Belohnungen"?

- Aufmerksamkeit/Beachtung ☐
- materielle Belohnungen ☐
- Spielen als Belohnung ☐
- Essen als Belohnung ☐

Kommentare:

....

....

....

....

Eskalationsfallen

Kinder können lernen, dass ihnen durch Steigerung eines Verhaltens eher ein Wunsch erfüllt wird. Ihr Kind bittet z.B. kurz vor dem Essen um einen Keks. Sie sagen mehrere Male „Nein". Wenn Ihr Kind dennoch weiter auf seinem Wunsch besteht und immer lauter und fordernder wird, können Sie in eine „Falle" geraten, wenn Sie Ihrem Kind den Keks geben, um das Geschrei zu beenden. Ihr Kind ist also dafür belohnt worden, dass es fordernder wurde. Es lernt somit, dass es hartnäckiger und lauter werden muss, damit sein Wunsch in Erfüllung geht. Auch Sie als Eltern werden belohnt, da Ihr Kind zumindest für kurze Zeit aufhört zu schreien. Da sowohl Sie als auch Ihr Kind Nutzen daraus ziehen, ist es wahrscheinlich, dass diese eskalierende Situation erneut entstehen wird.

Auf ähnliche Weise können sich auch Eltern angewöhnen, lauter zu werden und heftiger zu reagieren, da sie sich so ebenfalls leichter durchsetzen können. Ein

Beispiel: Sie sagen Ihrem Kind mehrmals erfolglos, dass es aufräumen soll und werden dabei allmählich lauter. Schließlich verlangen Sie ärgerlich von Ihrem Kind, dass es tut, was Sie gesagt haben, bevor Sie bis drei gezählt haben, oder...! Ihr Kind lernt dabei, dass Sie es nur ernst meinen, wenn Sie schreien und anfangen zu drohen. Es wird dann immer häufiger auf diese Anzeichen warten, bevor es tut, was Sie gesagt haben. Sie profitieren von dem Schreien, da Ihr Kind tut, was Sie verlangt haben, und Ihr Kind wird belohnt, da Sie aufhören, es anzuschreien. So ist es wahrscheinlich, dass diese Eskalation erneut auftreten wird.

Kennen Sie diese Eskalationsfallen in Ihrer Familie?

- Ja, bei meinem Kind ☐
- Ja, bei mir selbst ☐

Kommentare/Beispiel:

....

....

....

Ignorieren von erwünschtem Verhalten

Einige Kinder haben wenig oder gar nichts davon, wenn sie sich gut benehmen, denn unglücklicherweise wird gutes Verhalten meist weniger beachtet als schlechtes. Wird angemessenes Verhalten ignoriert, lernen Kinder möglicherweise, dass die einzige Möglichkeit, beachtet zu werden, darin besteht, „sich schlecht zu benehmen".

Passiert Ihnen das auch?

- erwünschtes Verhalten ignorieren ☐

Kommentare:

....

....

....

Anderen zusehen

Kinder lernen durch Beobachten, und zwar sowohl von „guten“ als auch von „schlechten“ Vorbildern. Wenn sie z. B. sehen, wie ihre Eltern ärgerlich werden und ihr Ziel erreichen, indem sie andere anschreien, lernen Kinder, dass Schreien in Ordnung ist, wenn man ein Problem hat. Kinder, deren Eltern häufig einen Klaps austeilen, schlagen ebenfalls häufiger als andere Kinder. Alle möglichen Verhaltensweisen wie Schreien, Schlagen, Schimpfwörter gebrauchen, Wutanfälle, und die Art und Weise, wie man als Erwachsener auf beängstigende Dinge reagiert, können durch Zusehen erlernt werden.

Lernt Ihr Kind auch manchmal etwas Ungünstiges von anderen?

- Lernen durch Beobachtung ☐

Kommentare:

....

....

....

Ungünstige Anweisungen

Ob Kinder eine Anweisung befolgen oder nicht, hängt in großem Maße davon ab, wie Eltern die Anweisungen geben. Mögliche Probleme können sein:

- *Zu viele.* Jede erteilte Anweisung stellt für Kinder eine Möglichkeit zum „Ungehorsam“ dar. Werden zu viele Regeln aufgestellt, besteht die Gefahr, dass Kinder das Gefühl bekommen, es ihren Eltern überhaupt nicht recht machen zu können.
- *Zu wenige.* Kinder erscheinen manchmal ungehorsam, weil sich niemand die Zeit genommen hat, klare Anweisungen zu geben. Sie sind also unsicher, was von ihnen erwartet wird, z. B. wie sie Messer und Gabel halten sollen.
- *Zu harte.* Kinder können auch ungehorsam erscheinen, wenn Eltern zu viel erwarten und Anweisungen geben, die die Kinder überfordern. So ist z. B. ein 3jähriges Kind noch nicht in der Lage, selbstständig ein sehr unordentliches Zimmer aufzuräumen.
- *Zur falschen Zeit.* Wenn das Kind sehr beschäftigt ist, z. B. gerade seinen Lieblingsfilm sieht, werden Anweisungen sehr leicht ignoriert.
- *Zu ungenau.* Kinder sind nicht in der Lage, Anweisungen zu befolgen, die sehr ungenau formuliert sind, z. B. *„Sarah!“* oder *„Sei nicht so albern“* oder auch Anweisungen in Frageform wie *„Möchtest du jetzt nicht ins Bett gehen?“*. Wenn Sie Ihrem Kind eine Wahlmöglichkeit offenlassen, seien Sie darauf vorbereitet, dass es mit Nein antwortet.
- *Körpersprache.* Manchmal drückt Ihre Körpersprache etwas anderes aus als das, was Sie sagen. Wenn Sie z. B. lachen oder lächeln und gleichzeitig Ihr Kind auffordern, etwas zu unterlassen, kann dies das Kind verwirren. Auch Anweisungen, die von einem Raum in den anderen gerufen werden, nehmen Kinder häufig nicht ernst. Wenn Eltern bei einer Anweisung nicht körperlich anwesend sind, erwarten Kinder oft keine Konsequenzen.

Geben Sie manchmal auch ungünstige Anweisungen?

- zu viele ☐
- zu wenige ☐
- zu harte ☐
- zur falschen Zeit ☐
- zu ungenau ☐
- verwirrende Körpersprache ☐

Kommentare:

....

....

....

....

Negative emotionale Mitteilungen

Wenn Eltern ihr Kind als Person kritisieren und nicht das, was es getan hat, kann das Selbstwertgefühl des Kindes darunter leiden. Kinder mit Schimpfworten zu bezeichnen wie *„Bist du blöd"* oder *„Dummkopf"* oder ihnen mit Aussagen wie *„Was würde Omi denken, wenn sie dich so sehen könnte"* Schuldgefühle zu machen, kann dazu führen, dass sie nur aus Scham gehorchen. Andererseits macht so etwas Kinder häufig wütend und führt langfristig dazu, dass sie ein negatives Selbstbild entwickeln.

Geben Sie manchmal solche negativen emotionalen Botschaften, mit denen Sie...?

- Ihr Kind beschimpfen oder abwerten ☐
- Schuldgefühle bei Ihrem Kind auslösen ☐

Kommentare:

....

....

....

....

Ungünstiger Gebrauch von Strafe

Kinder können durch die Art und Weise, wie sie von ihren Eltern bestraft werden, Verhaltensprobleme entwickeln. Hier sind einige Gründe aufgezählt, warum Strafe oft nicht wirkungsvoll ist:

- *Strafe wird angedroht, aber nicht ausgeführt.* Auch wenn Drohungen anfangs Wirkung zeigen, werden Kinder schnell lernen, Anweisungen zu ignorieren, wenn Eltern angedrohte Strafen nie ausführen. Strafandrohungen können sogar eine Herausforderung sein und Kinder dazu verleiten, vielleicht noch weiter zu gehen, nur um zu sehen, was dann passiert.
- *Im Zorn erteilte Strafe.* Wenn Sie Ihr Kind bestrafen und dabei selbst wütend sind, besteht immer das Risiko, dass Sie die Kontrolle verlieren und dem Kind wehtun. Suchen Sie professionelle Hilfe auf, wenn Sie befürchten, dass dies vielleicht passieren könnte.
- *Strafe als letzte Möglichkeit.* Manchmal warten Eltern zu lange, bevor sie auf Problemverhalten ihrer Kinder reagieren. Häufig fallen Strafen dann zu hart aus, da das Verhalten des Kindes für die Eltern unerträglich geworden ist.
- *Inkonsequente Bestrafung.* Wenn Eltern sich nicht einig sind, ob und wie sie Konsequenzen anwenden, oder nicht gemeinsam für eine Konsequenz eintreten bzw. in ähnlichen Situationen unterschiedlich reagieren, können Kinder nicht einschätzen, was von ihnen erwartet wird.

Haben Sie mit dem Gebrauch von Disziplin diese Schwierigkeiten?

- Drohungen, die nicht umgesetzt werden ☐
- Strafen, die im Zorn erteilt werden ☐
- Strafe als letzte Möglichkeit ☐
- inkonsequente Bestrafung ☐

Kommentare:

....

....

....

....

ÜBERZEUGUNGEN UND ERWARTUNGEN VON ELTERN

Einige Überzeugungen und falsche Vorstellungen von Eltern sind wenig hilfreich und können die Erziehung erschweren:

- „*Es ist nur eine Phase.*“ Diese Überzeugung kann Eltern davon abhalten, sofort auf ein Problemverhalten zu reagieren. Statt dessen warten Eltern vielleicht, bis sich das Problem verschlimmert, bevor sie Veränderungen einleiten oder Hilfe aufsuchen müssen.
- „*Er macht das mit Absicht, nur um mich zu ärgern.*“ Diese Überzeugung gibt dem Kind die Schuld, kann Eltern ärgerlich machen und zu Überreaktionen führen. Es kann Eltern ebenfalls davon abhalten, das eigene Verhalten kritisch zu betrachten.

- *„Es ist meine Schuld, dass sie so ist."* Diese Überzeugung gibt den Eltern die Schuld für das Verhalten des Kindes. Dadurch entstehen bei Eltern leicht depressive Gefühle oder Schuldgefühle, die ein geduldiges, ruhiges und konsequentes Erziehungsverhalten noch erschweren.

Auch bestimmte Erwartungen von Eltern können die Erziehung erschweren. Von Kindern perfektes Verhalten zu erwarten, ist unrealistisch und führt zu Enttäuschungen und Konflikten mit Kindern. Auch Eltern, die unrealistische Erwartungen an sich selbst haben und unbedingt perfekt sein wollen, setzen sich Unzufriedenheit und Frustration aus.

Trifft das auch auf Sie zu?

- nicht hilfreiche Überzeugungen ☐
- unrealistische Erwartungen ☐

Kommentare:

....

....

....

Andere Einflüsse auf die Familie

Es gibt andere Faktoren, die das Wohlbefinden der Eltern beeinträchtigen und die Erziehung erschweren können. Dazu einige Beispiele:

- *Die Beziehung der Eltern.* Problemverhalten von Kindern kann auftreten, wenn die Beziehung eines Paares durch viele Spannungen und Konflikte belastet ist. Jungen reagieren vielleicht aggressiver und Mädchen eher ängstlicher oder depressiver, wenn sie viele Auseinandersetzungen oder Streitereien zwischen ihren Eltern miterleben.

- *Gefühle der Eltern.* Gefühle wie Ärger oder Depressionen können Eltern daran hindern, konsequent und wirkungsvoll auf das Verhalten ihrer Kinder zu reagieren. Wenn ein Elternteil z. B. deprimiert ist, wird es wahrscheinlich ungeduldig und gereizt sein, eher negative als hilfreiche Gedanken über seine Kinder haben und sich weniger um sie kümmern.
- *Stress.* Alle Eltern stehen zeitweise unter Stress, z. B. wenn sie finanzielle oder berufliche Schwierigkeiten haben, wenn Gäste erwartet werden oder ein Umzug geplant ist. Kinder benötigen aber einen verlässlichen Tagesablauf. Sie geraten aus dem seelischen Gleichgewicht, wenn durch Stress die tägliche Familienroutine über einen längeren Zeitraum gestört wird.

Gibt es in Ihrer Familie manchmal Schwierigkeiten mit...?

- der Beziehung der Eltern untereinander ☐
- den Gefühlen der Eltern ☐
- Stress ☐

Kommentare:

....

....

....

....

GESELLSCHAFTLICHE EINFLÜSSE

Sobald Kinder mehr Kontakt zu Menschen aus ihrer Umgebung haben, kann ihr Verhalten auch durch nicht-familiäre, äußere Faktoren beeinflusst werden.

Freunde

Wenn Kinder beginnen, Kontakt zu anderen Kindern zu haben, werden sie durch ihre Beziehungen zu Spielkameraden und durch das, was diese tun, beeinflusst. Aggressivere Kinder werden z. B. oft von anderen abgelehnt, haben geringere soziale Fähigkeiten oder auch Schwierigkeiten, Freunde zu finden. Es ist wahrscheinlich, dass sie häufig zu anderen aggressiven Kindern Kontakt haben, was das Problemverhalten aufrechterhält.

Schule

Auch der Schulerfolg kann das Verhalten beeinflussen. Kinder können Verhaltensauffälligkeiten entwickeln, weil die schulischen Anforderungen zu hoch sind, sie keine guten Leistungen erbringen und ihre Bemühungen selten anerkannt, gelobt oder belohnt werden.

Medien und Technologien

Eltern können nicht alle Einflüsse auf das Verhalten ihrer Kinder kontrollieren. Häufig erlernen Kinder Problemverhalten wie Aggressivität oder den Gebrauch von Schimpfwörtern durch das Fernsehen, Comics, Bücher oder Computerspiele.

Über welche gesellschaftlichen Einflüsse auf Ihr Kind machen Sie sich manchmal Sorgen?

- Freunde ☐
- Schule ☐
- Medien und Technologien ☐

Kommentare:

....

....

....

....

Ziele für Veränderungen

Nachdem Ihnen mögliche Gründe für Verhaltensprobleme vorgestellt wurden, können Sie nun überlegen, welche Verhaltensänderungen Sie bei Ihrem Kind und auch bei sich selbst erreichen möchten.

Sie als Eltern müssen entscheiden, welche Fertigkeiten Sie bei Ihrem Kind fördern wollen. Denken Sie daran, dass Ihr Kind eine bestimmte Entwicklungsstufe erreicht haben muss, um etwas Neues lernen zu können. Vielleicht hilft es Ihnen, wenn Sie die Fähigkeiten im Auge behalten, die Kindern helfen, den Umgang mit anderen und eine zunehmende Selbstständigkeit zu lernen:

ÜBUNG 6 ***Welches Verhalten und welche Fähigkeiten von Kindern sollten wir fördern?***

Schauen Sie sich die Liste an und überlegen Sie, welche Fähigkeiten Sie bei Ihrem Kind besonders wichtig finden und fördern möchten.

Mit anderen kommunizieren und umgehen können

- Eigene Meinungen, Ideen und Bedürfnisse angemessen ausdrücken.
- Um Unterstützung und Hilfe bitten.
- Bitten von Erwachsenen befolgen.
- Gemeinsam mit anderen Kindern spielen.
- Die Gefühle von anderen wahrnehmen.
- Erkennen, wie das eigene Handeln andere Menschen beeinflusst.

Mit eigenen Gefühlen umgehen

- Gefühle so ausdrücken, dass andere nicht verletzt werden.
- Überlegen, bevor man etwas tut, um andere nicht zu verletzen.
- Positive Gefühle sich selbst und anderen gegenüber entwickeln.
- Regeln und Grenzen akzeptieren.

Selbstständig werden

- Dinge selbstständig tun.
- Sich selbst beschäftigen ohne ständige Beachtung von einem Erwachsenen.
- Verantwortung für das eigene Handeln übernehmen.

Mit Problemen umgehen

- Interesse und Neugier an alltäglichen Dingen zeigen.
- Fragen stellen und Ideen entwickeln.
- Über Alternativen nachdenken.
- Verhandeln und Kompromisse machen.
- Entscheidungen treffen und Probleme selbstständig lösen.

Kommentare:

....

....

....

....

ÜBUNG 7 ***Ziele für Veränderungen festlegen***

Wenn Sie über Ihre Ziele nachdenken, dann schauen Sie sich das derzeitige Verhalten Ihres Kindes an. Denken Sie darüber nach, welches Verhalten Sie sich bei Ihrem Kind häufiger wünschen (z. B. freundlich sprechen; selbstständig spielen ohne ständig beachtet zu werden; tun, worum es gebeten wird; die ganze Nacht im eigenen Bett bleiben). Denken Sie auch darüber nach, welches Verhalten für Sie problematisch ist (z. B. Wutanfälle, aggressive Auseinandersetzungen, Probleme beim Essen, Weinen). Es ist auch wichtig, darüber nachzudenken, inwiefern Sie Ihr eigenes Verhalten verändern können. Nachdem Sie gerade einiges darüber erfahren haben, wie Ihr Verhalten das Ihres Kindes beeinflussen kann, setzen Sie sich nun selbst einige Ziele. Überlegen Sie sich, was Sie gern öfter tun möchten (z. B. ruhig bleiben oder klare und direkte Anweisungen geben) und was Sie seltener machen möchten (z. B. Drohungen benutzen, Anweisungen aus einem anderen Raum rufen).

Schreiben Sie hier die Veränderungen auf, die Sie sich für das Verhalten Ihres Kindes und für Ihr eigenes wünschen. Achten Sie darauf, dass Ihre Ziele spezifisch und erreichbar sind.

ZIELE FÜR VERÄNDERUNGEN IM VERHALTEN IHRES KINDES	ZIELE FÜR VERÄNDERUNGEN IN IHREM EIGENEN VERHALTEN

Kindliches Verhalten genau beobachten

Übung 8 *Systematische Beobachtung*

Sie werden nun Möglichkeiten kennenlernen, wie Sie das Verhalten Ihres Kindes systematisch beobachten können. Diskutieren Sie in der Gruppe Ihre Anmerkungen oder Fragen zu diesem Thema.

Verhaltenstagebuch

Wenn Sie das Verhalten Ihres Kindes beunruhigt, ist es sinnvoll, dieses genau zu beobachten und festzuhalten. Dabei kann Ihnen ein Verhaltenstagebuch helfen (siehe Beispiel). Hier können Sie aufschreiben, wann und wo ein Problemverhalten aufgetreten ist, was davor geschah (wodurch es hervorgerufen wurde) und was danach passierte (wie Sie reagierten). Dies wird Ihnen helfen zu erkennen:

- Ob es bestimmte Muster (Regelmäßigkeiten) im Verhalten Ihres Kindes gibt.
- Wie häufig das Problem auftritt.
- Wie Sie auf das Verhalten Ihres Kindes reagieren.
- Ob es risikoreiche Zeiten oder Situationen gibt.
- Was mögliche Auslöser oder Gründe für das Verhalten sind.
- Ob Ihr Kind möglicherweise zufällige Belohnungen für das Problemverhalten erhält.

BEISPIEL FÜR EIN VERHALTENSTAGEBUCH

Problemverhalten: Wutanfälle Tag: Freitag, 10. Mai

Problem	Wann und wo trat das Problem auf?	Was passierte vorher?	Was passierte nachher?	Bemerkungen
Weinend auf dem Fußboden gewälzt	7.30 Uhr Wohnzimmer	Sollte sich anziehen	Durfte etwas länger fernsehen	
Mit den Füßen getrampelt, geschrien	8.00 Uhr Wohnzimmer	Fernseher ausgestellt, sollte sich anziehen	Ins Zimmer getragen, beim Anziehen geholfen	Zu spät losgekommen, ärgerlich gewesen
Gebrüllt, geschrien, mit den Füßen getrampelt	10.30 Uhr Supermarkt	Ein neues Spielzeug verweigert	Nachgegeben und gekauft	Peinlich, hätte alles gemacht, damit er aufhört
Geschmollt, laut geweint	18.00 Uhr draußen	Sollte Spiel beenden und dann zum Essen kommen	Klaps auf den Po, ins Zimmer geschickt, kein Essen	Schuldgefühle, fernsehen erlaubt, Eis gegeben

Beobachtungsbogen

Um Problemverhalten systematisch zu beobachten, können Sie auch einfach festhalten, wie häufig es auftritt. Dazu machen Sie einfach auf einem Beobachtungsbogen jedesmal am Tag einen Haken, wenn Ihr Kind das betreffende Verhalten zeigt.

BEISPIEL FÜR EINEN BEOBACHTUNGSBOGEN

Problemverhalten: Fluchen

Tag	1	2	3	4	5	6	7	8	9	10	11	12	13	14	15	Summe
So	✓	✓	✓	✓	✓	✓	✓	✓	✓							9
Mo	✓	✓	✓	✓	✓	✓	✓	✓	✓	✓	✓					11
Di	✓	✓	✓	✓	✓	✓	✓	✓								8

Verhaltenskurve

Sie können Ihre Beobachtungen auch als Kurve darstellen, um Veränderungen besser verfolgen zu können. Beobachten Sie das Verhalten Ihres Kindes etwa eine Woche, bevor Sie mit einer neuen Erziehungsstrategie beginnen, und behalten Sie es auch danach weiter im Auge, um zu sehen, ob die neue Methode erfolgreich ist. Dies wird Ihnen helfen, Fortschritte im Verhalten Ihres Kindes zu erkennen und für das Anwenden neuer Strategien motiviert zu bleiben.

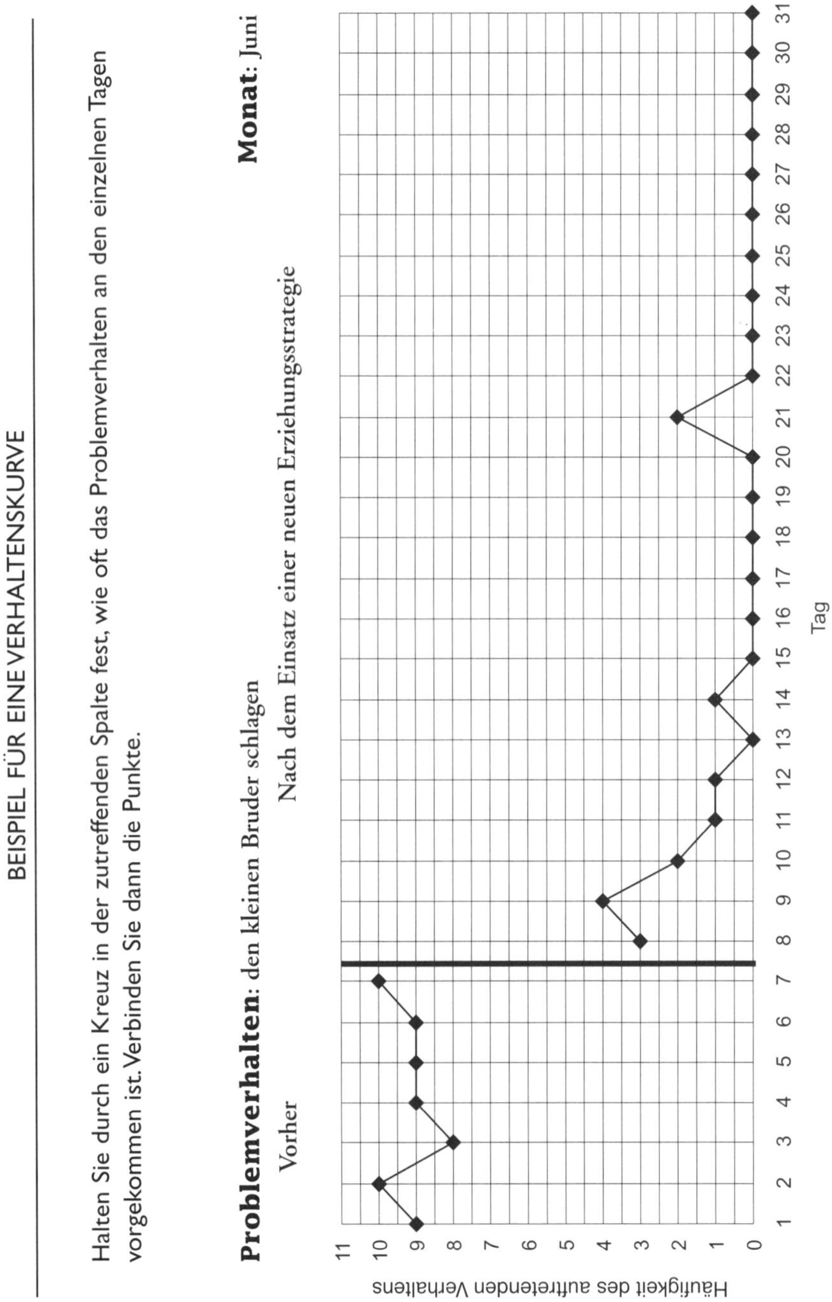

Wenn Sie mit einer neuen Erziehungsmethode beginnen, ist es sinnvoll, sich zunächst einen Zeitraum von 7 bis 10 Tagen vorzunehmen. Nach dieser Zeit können Sie dann entscheiden, ob Sie genauso fortfahren oder etwas verändern wollen. Wenn Sie Veränderungen im Verhalten Ihres Kindes und in Ihrem eigenen erreichen wollen, ist es am besten, die neuen Erziehungsstrategien allmählich und Schritt für Schritt einzuführen. Sobald neue Routinen, Regeln oder Verhaltensweisen gefestigt sind, reicht es, das Tagebuch nur noch einmal pro Woche zu führen. Lassen Sie das Tagebuch erst dann ganz weg, wenn Sie sicher sind, dass ein Ziel erreicht wurde.

SCHLUSSFOLGERUNG

Zusammenfassung der Sitzung

In der ersten Sitzung haben Sie kennengelernt, was positive Erziehung beinhaltet und welche Gründe kindliche Verhaltensprobleme haben können. Sie haben Anregungen bekommen, welche Fertigkeiten und Verhaltensweisen Sie bei Kindern unterstützen und welche Ziele für Veränderungen Sie setzen können. Am Ende wurden Möglichkeiten vorgestellt, wie Sie das Verhalten Ihres Kindes beobachten können.

■ HAUSAUFGABEN

- Entscheiden Sie sich für ein oder zwei problematische Verhaltensweisen Ihres Kindes, die Sie systematisch beobachten wollen. Behalten Sie dieses Verhalten in den nächsten sieben Tagen „im Auge", indem Sie die Beobachtungsbögen der Seiten (S. 21-23) benutzen (zusätzliche Beobachtungsbögen finden Sie im Kapitel „Arbeitsblätter", S. 91 ff.). Notieren Sie hier, welche Verhaltensweisen Sie beobachten und welche Formen der Beobachtungsbögen Sie benutzen wollen.

....

....

....

....

Inhalt der nächsten Sitzung

In Sitzung 2 geht es um praktische Strategien für:

- den Aufbau positiver Beziehungen zu Kindern.
- die Förderung angemessenen Verhaltens.
- das Beibringen neuer Fähigkeiten und Verhaltensweisen.

VERHALTENSTAGEBUCH

Schreiben Sie das Problemverhalten auf, wann und wo es aufgetreten und was davor und danach geschehen ist.

Problemverhalten: ____________________ Tag: ____________

Problem	**Wann und wo trat das Problem auf?**	**Was passierte vorher?**	**Was passierte nachher?**	**Bemerkungen**

■ HAUSAUFGABEN *Verhaltensbeobachtung 2*

BEOBACHTUNGSBOGEN

Beobachten Sie das Auftreten des Verhaltens zwei Wochen lang jeden Tag. Schreiben Sie das Datum des jeweiligen Tages in die erste Spalte und machen Sie jedes Mal ein Kreuz in die folgenden Kästchen, wenn das Verhalten an dem Tag auftritt. Zählen Sie für jeden Tag einzeln in der letzten Spalte alle Kreuze zusammen.

Problemverhalten: ______________________ Zeitraum: ______________________

Tag	1	2	3	4	5	6	7	8	9	10	11	12	13	14	15	Summe

VERHALTENSKURVE

Markieren Sie die Häufigkeit, mit der das Problemverhalten an den einzelnen Tagen aufgetreten ist, in dem Sie ein Kreuz in die entsprechende Spalte des jeweiligen Tages machen. Verbinden Sie dann die Kreuze miteinander.

Problemverhalten: ______________________ Monat: _______

Vorher **Nach dem Einsatz einer neuen Erziehungsstrategie**

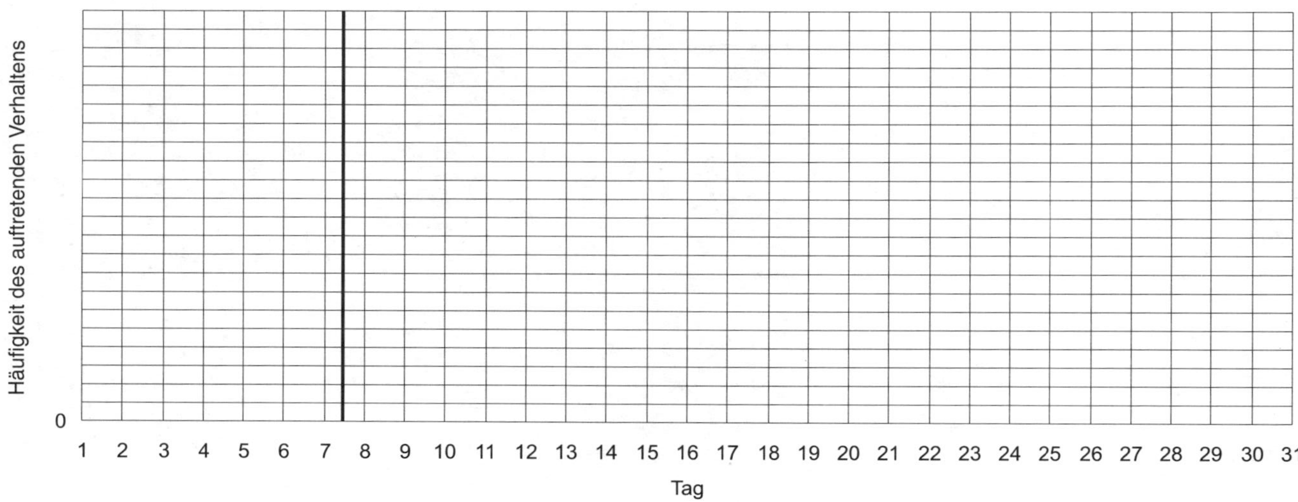

Förderung der kindlichen Entwicklung

Sitzung 2

ÜBERBLICK

Ermutigung und positive Aufmerksamkeit helfen Ihren Kindern, ihre Fähigkeiten zu entwickeln und angemessene Verhaltensweisen zu erlernen. Bestärkt man erwünschtes Verhalten, erhöht man die Wahrscheinlichkeit, dass es erneut auftritt. In der ersten Sitzung ging es um das Verhalten und die Fertigkeiten, die Sie bei Ihrem Kind fördern wollen. In dieser Sitzung werden Sie einige Strategien kennenlernen, die Sie ausprobieren können, um die Entwicklung Ihres Kindes zu fördern. Wenn Sie an den heutigen Übungen arbeiten, versuchen Sie herauszufinden, mit welchen der Strategien Sie sich im Umgang mit Ihrem Kind am wohlsten fühlen würden.

ZIELE

Am Ende der zweiten Sitzung sollten Sie in der Lage sein:

- Strategien einzusetzen, die Ihnen helfen, eine positive Beziehung zu Ihrem Kind aufzubauen (z. B. wertvolle Zeit, mit dem Kind sprechen, Zuneigung zeigen).
- Strategien einzusetzen, die angemessenes Verhalten fördern (z. B. loben, dem Kind Aufmerksamkeit schenken und für spannende Aktivitäten sorgen).
- Strategien einzusetzen, mit denen Sie Ihrem Kind neue Fertigkeiten oder Verhaltensweisen beibringen können (z. B. ein gutes Beispiel sein, beiläufiges Lernen und Fragen-Sagen-Tun).
- zwei positive Erziehungsstrategien auszuwählen, die Sie über einen Zeitraum von sieben Tagen systematisch einsetzen.
- eine Punktekarte mit angemessenen Belohnungen für Ihr Kind zu erstellen.

Wie entwickelt man positive Beziehungen zu Kindern?

Der Aufbau guter Familienbeziehungen braucht Zeit. Hier sind einige Ideen, die Ihnen helfen können, eine positive Beziehung zu Ihrem Kind zu entwickeln.

Verbringen Sie wertvolle Zeit mit Ihrem Kind

Empfohlenes Alter: Jedes. Versuchen Sie regelmäßig während des Tages kurze Zeitspannen - und seien es nur 1 oder 2 Minuten - mit Ihrem Kind zu verbringen. Es ist für Kinder wichtiger, dass Sie sich oft für kurze Zeit mit ihnen beschäftigen, als wenn Sie sich z. B. nur einmal am Tag eine ganze Stunde Zeit nehmen. Wertvolle Zeit für Ihr Kind ist z. B., wenn es sich an Sie wendet, um eine Frage zu stellen oder um Sie in eine Aktivität einzubeziehen. Geschieht dies, unterbrechen Sie wenn möglich Ihre Tätigkeit und schenken Sie Ihrem Kind Aufmerksamkeit. Ist das nicht sofort möglich, versuchen Sie kurz darauf, etwas Zeit mit Ihrem Kind einzuplanen.

ÜBUNG 1 *Ideen für wertvolle Zeit*

Für jede Familie ist wertvolle Zeit etwas anderes. Schreiben Sie einige Ideen auf, wie Sie und Ihr Kind wertvolle Zeit zusammen verbringen können.

....

....

....

....

Reden Sie mit Ihrem Kind

Empfohlenes Alter: Jedes. Gespräche mit Ihrem Kind helfen ihm beim Sprechenlernen, bei der Entwicklung von sozialen Fähigkeiten und beim Erlernen von Gesprächsregeln. Gleichzeitig fördern Sie damit die Selbstachtung des Kindes. Sprechen Sie mit Ihrem Kind über Dinge, an denen es interessiert ist. Teilen Sie Ihrem Kind auch eigene Gedanken und Ideen mit und zeigen Sie Interesse an dem, was Ihr Kind zu sagen hat.

ÜBUNG 2 ***Gesprächsthemen***

Schreiben Sie hier Ideen für mögliche Gespräche auf: Dinge, für die sich Ihr Kind interessiert oder die es bzw. Sie selbst erlebt hat.

....

....

....

....

Zeigen Sie Zuneigung

Empfohlenes Alter: Jedes. Auch durch körperliche Zuneigung können Sie Ihrem Kind Interesse und Liebe zeigen. Streicheln, Schmusen, Umarmen, Küssen und Kitzeln oder Toben gibt Kindern das Gefühl, in liebevoller Umgebung aufzuwachsen und hilft ihnen, ungezwungen Zuneigung schenken und annehmen zu können. Gerade in den ersten Lebensjahren hilft körperliche Zuneigung dem Kind, eine feste und sichere Bindung zu den Eltern zu entwickeln.

ÜBUNG 3 ***Möglichkeiten, Zuneigung auszudrücken***

Welche Art von Zuneigung mögen Sie selbst **und** Ihr Kind?

....

....

....

....

Wie fördert man angemessenes Verhalten?

Bestärkt man erwünschtes Verhalten, erhöht man die Wahrscheinlichkeit, dass es erneut auftritt. Hier sind einige Ideen, wie Sie Ihr Kind zu angemessenem Verhalten motivieren können.

Loben Sie Ihr Kind

Empfohlenes Alter: Jedes. Alle Kinder freuen sich - genau wie Erwachsene - über Lob. Schenken Sie Ihrem Kind Aufmerksamkeit und loben Sie es, wenn es etwas tut, das Sie mögen. Versuchen Sie dabei Bemerkungen zu vermeiden, die ein Problemverhalten ansprechen wie z. B. „Es ist schön, dass ihr beide zur Abwechslung mal friedlich spielt und euch nicht streitet“ oder „Danke, dass du mich nicht wieder beim Telefonieren gestört hast.“ Besser ist z. B.: „Nett von dir“ oder „Gut gemacht“, „Das ist ja ein schönes Bild geworden“, „Prima, dass du den Fernseher sofort nach der Sesamstraße ausgeschaltet hast.“ oder „Ich finde es toll, dass du dein Zimmer nach dem Spielen aufgeräumt hast.“ Dabei ist detailliertes Lob besser als allgemeine Zustimmung geeignet, ein bestimmtes von Ihnen gewünschtes Verhalten zu verstärken. Lob hat den größten Erfolg, wenn Sie es begeistert aussprechen und wenn Sie meinen, was Sie sagen.

ÜBUNG 4 ***Wie kann man beschreibend loben?***

Sitzung 2

Schauen Sie sich Ihre Liste mit Zielen an für Dinge, von denen Sie möchten, dass Ihr Kind sie häufiger tut (siehe Seite 15). Überlegen Sie sich zu diesen Verhaltensweisen lobende Kommentare, die Sie benutzen können, um das Verhalten zu bestärken. Schreiben Sie diese auf und versuchen Sie dabei so beschreibend und spezifisch wie möglich zu sein. Probieren Sie Ihr Lob bei Ihrem Nachbarn aus.

Ihr beschreibendes Lob:

....

....

....

....

....

....

Schenken Sie Ihrem Kind Aufmerksamkeit

Empfohlenes Alter: Jedes. Sie können Ihrem Kind auf vielerlei Weise Beachtung schenken. Ein Lächeln, ein Zuzwinkern, eine Berührung an der Schulter oder ihm einfach nur zusehen sind Formen von Aufmerksamkeit, die Kinder genießen. Sie können sie benutzen, um damit Ihr Lob zu unterstützen und angemessenes Verhalten Ihres Kindes zu bestärken.

ÜBUNG 5 ***Wie können Sie Ihrem Kind Aufmerksamkeit schenken?***

Sammeln Sie hier Ideen, wie Sie Ihrem Kind Aufmerksamkeit schenken können.

....

....

....

....

Sorgen Sie für spannende Beschäftigungen

Empfohlenes Alter: Jedes. Sie fördern selbstständiges Spielen, wenn Sie für interessante und spannende Aktivitäten und Beschäftigungen sorgen. Umgebungen, in denen es viele interessante Dinge zum Entdecken gibt, fördern die Entwicklung des Kindes und regen es dazu an, sich selbst zu beschäftigen. Sorgen Sie dafür, dass Ihr Kind genügend Spiel- und Beschäftigungsmöglichkeiten drinnen und draußen hat, ohne es mit teurem Spielzeug zu überfluten. Es sind oft ganz einfache, aber vielseitige Dinge, die nichts kosten - z. B. Naturmaterialien, alte Pappschachteln und Zeitschriften oder der Wasserschlauch im Garten -, an denen Kinder interessiert sind und die ihnen Spaß machen.

ÜBUNG 6 *Ideen für spannende Beschäftigungen*

Denken Sie über spannende, vielleicht neue Beschäftigungen für Ihr Kind nach. Sie können Ihre Ideen den anderen Gruppenmitgliedern mitteilen, wenn Sie mögen und dadurch auch einige neue Ideen von anderen Eltern bekommen.

SPIELE UND BESCHÄFTIGUNGEN IM HAUS	SPIELE UND BESCHÄFTIGUNGEN FÜR DRAUSSEN

Wie kann man Kindern neue Fertigkeiten und Verhaltensweisen beibringen?

Lernen am Modell

Empfohlenes Alter: Jedes. Wir alle lernen, indem wir anderen zusehen. Lassen Sie sich von Ihrem Kind beobachten, um neue Verhaltensweisen zu fördern. Beschreiben Sie, was Sie gerade tun und lassen Sie Ihr Kind Ihre Handlungen nachahmen. Helfen Sie, wenn nötig, und lassen Sie es dann noch einmal ohne Hilfe versuchen. Loben Sie Ihr Kind, wenn es etwas geschafft oder sich bemüht hat.

Erwarten Sie von Ihrem Kind nicht, dass es sich an die Hausregeln hält, wenn keines der anderen Familienmitglieder dies tut. Sie können z. B. von Ihrem Kind nicht erwarten, dass es sich an die Regel „Nach dem Spielen aufräumen“ hält, wenn Sie selbst Ihre Dinge herumliegen lassen. Gehen Sie mit gutem Beispiel voran.

Sitzung 2

ÜBUNG 7 *Möglichkeiten für Lernen am Modell*

Schauen Sie sich Ihre Liste mit Zielen (auf Seite 15) für das Verhalten Ihres Kindes an. Entscheiden Sie, ob und wie Sie eine dieser Verhaltensweisen als gutes Beispiel fördern können.

....

....

....

....

Nutzen Sie beiläufiges Lernen

Empfohlenes Alter: 1-12 Jahre. Wenn sich Kinder an jemanden wenden, um Hilfe, Informationen oder Aufmerksamkeit zu bekommen, sind sie meist motiviert und bereit, etwas zu lernen. Sie haben dann die Möglichkeit, Ihrem Kind etwas Neues beizubringen. Dies wird beiläufiges Lernen genannt. Wenn Sie Ihrem Kind nur die Antwort auf seine Frage geben, hilft es ihm nicht, selbstständiges Denken zu lernen. Helfen Sie Ihrem Kind, die Antwort selbst herauszubekommen und schauen Sie, ob Sie noch mehr Informationen geben bzw. herausfinden lassen können - *„Welche Farbe glaubst du, ist das? Richtig, das ist rot. Was ist sonst noch rot?"* Das sollte Spaß machen und interessant sein, beharren Sie also nicht auf einer Weiterführung des Themas. Wenn Ihr Kind die Antwort nicht kennt, sagen Sie sie selbst und warten Sie auf die nächste zufällige Lernmöglichkeit.

ÜBUNG 8 *Ideen für beiläufiges Lernen*

Überlegen Sie gemeinsam mit einem Partner, wie man beiläufiges Lernen nutzen kann: ...

Wenn Ihr Kind Fragen stellt, insbesondere die bekannten „Warum"-Fragen (z. B. *„Warum ist der Mond heute nacht rund?"*).

....

....

....

....

Wenn Ihr Kind ein Wort falsch ausspricht (z. B. *„Sagetti"* statt *„Spaghetti"*).

....

....

....

....

Wenn Ihr Kind Ihnen etwas zeigen will (z. B. *„Guck Dir mein Bild an“*)

....

....

....

Wenn Ihr Kind etwas nicht allein schafft und Sie um Hilfe bittet (z. B. *„Ich kann das Puzzle nicht“*).

....

....

....

Wenden Sie die Methode Fragen-Sagen-Tun an

Empfohlenes Alter: 3-12 Jahre. Die Fragen-Sagen-Tun-Methode hilft Ihrem Kind, Fertigkeiten wie z. B. Anziehen, Zähne putzen oder sich ein Brot machen selbstständig zu lernen. Wenn eine Aufgabe lang und schwierig ist, bringen Sie sie Ihrem Kind Schritt für Schritt bei und benutzen Sie dabei folgende Reihenfolge:

Fragen

Fragen Sie Ihr Kind, was der erste Schritt ist - *„Was müssen wir zuerst tun, wenn wir unsere Zähne putzen?“*

Sagen

Wenn Ihr Kind Ihnen nicht die richtige Antwort gibt, sagen Sie ihm ruhig, wie der erste Schritt aussieht: *„Als erstes drücken wir Zahnpasta auf unsere Zahnbürste.“*

Tun

Helfen Sie Ihrem Kind, wenn es die Handlung nicht ausführt. Öffnen Sie z. B. die Zahnpastatube und legen Sie Ihre Hände über die Ihres Kindes, um sie zu führen. Beenden Sie Ihre Hilfe, sobald die Handlung begonnen hat, und lassen Sie sie von Ihrem Kind selbstständig zu Ende führen.

Loben Sie Mitarbeit und Erfolg

Loben Sie Ihr Kind bei jedem Schritt für seine Mitarbeit und jeden Erfolg. Eine gute Möglichkeit, Ihr Kind zu motivieren, ist, zu wiederholen, was es gesagt oder getan hat: *„Das ist richtig. Wir drücken etwas Zahnpasta auf unsere Zahnbürste. Ja, sehr schön machst du das.“* Sobald Ihr Kind die neue Fertigkeit gelernt hat, können Sie etwas weniger loben.

Wiederholen Sie die Methode Fragen-Sagen-Tun bei jedem Schritt

Wiederholen Sie diese Handlungsabfolge bei jedem Schritt der Aufgabe (Zahnpasta auf die Bürste tun, Zähne putzen, Zahnbürste auswaschen). Helfen Sie jedesmal etwas weniger, wenn Ihr Kind die neue Fertigkeit übt.

ÜBUNG 9 *Ideen für den Gebrauch von Fragen-Sagen-Tun*

Wählen Sie eine Verhaltensweise oder Fertigkeit aus, die Ihr Kind lernen soll, selbstständig zu tun, z. B. Schuhe anziehen, zur Toilette gehen oder sich waschen. Wenden Sie Fragen-Sagen-Tun für jeden Schritt dieser Fertigkeit an. Als nächstes folgt ein Beispiel für den ersten Schritt beim An- und Ausziehen. Beginnen Sie dann zusammen mit einem Partner, Fragen-Sagen-Tun für die ersten drei Schritte Ihrer ausgewählten Aufgabe zu üben:

Beispiel: An- und Ausziehen

FRAGEN	Was tun wir morgens als erstes, wenn wir uns anziehen?
SAGEN	Das ist richtig, wir ziehen unseren Schlafanzug aus.
TUN	Diese Knöpfe sind schwer aufzuknöpfen. Ich werde Dir bei dem ersten Knopf helfen.

Verhalten oder Fertigkeit:

1. Schritt

FRAGEN	
SAGEN	
TUN	

2. Schritt

FRAGEN	
SAGEN	
TUN	

3. Schritt

FRAGEN	
SAGEN	
TUN	

Benutzen Sie eine Punktekarte

Empfohlenes Alter: 3-12 Jahre. Manchmal müssen Kinder besonders motiviert werden, um ein Verhalten zu ändern, eine neue Fertigkeit zu üben oder eine festgelegte Aufgabe bis zu Ende durchzuführen. Eine Punktekarte ist eine wirkungsvolle kurzfristige Strategie, die für wenige Wochen angewendet wird und dann ausklingt. Ihr Kind kann sich hierbei Punkte, Sterne, Smilies oder

Aufkleber für erwünschtes Verhalten verdienen, die dann in einer Tabelle wie bei dem Beispiel in der Abbildung aufgeklebt werden. Dies zeigt Ihrem Kind, dass seine Bemühungen anerkannt werden, und gibt ihm ein Gefühl des Erfolgs.
Eine Punktekarte kann noch unterstützt werden, wenn bei einer bestimmten Anzahl von Punkten oder Sternen eine besondere Belohnung winkt. Sehr gute Belohnungen sind Aktivitäten wie z. B. eine besondere Zeit mit Mama oder Papa, gemeinsam schwimmen gehen, zusammen einen Kuchen backen, ein Fahrradausflug mit der Familie oder ein Picknick. Belohnungen können auch Süßigkeiten, ein neues Buch oder ein kleines Spielzeug sein. Andere Möglichkeiten sind z. B., dass sich Ihr Kind ein Video ausleihen oder ein Abendessen wünschen darf. Belohnungen können auch mit dem Kind abgesprochen werden. Fragen Sie Ihr Kind, auf welche Belohnung es gerne hinarbeiten würde - innerhalb eines vernünftigen Rahmens!

BEISPIEL FÜR EINE PUNKTEKARTE

Meine Punktekarte: Die ganze Nacht in meinem eigenen Bett schlafen

MONTAG	DIENSTAG	MITTWOCH	DONNERSTAG	FREITAG	SAMSTAG	SONNTAG
☺	☺		☺	☺	☺	
MONTAG	DIENSTAG	MITTWOCH	DONNERSTAG	FREITAG	SAMSTAG	SONNTAG
☺	☺	☺	☺		☺	☺

Hier sind einige Richtlinien für den Gebrauch einer Punktekarte:

- Bereiten Sie die Dinge vor, die Sie benötigen werden. Zeichnen Sie die Tabelle und besorgen Sie Aufkleber, Smilies oder Sterne.
- Beschreiben Sie das Verhalten, für das Sie die Punktekarte anlegen, konkret und positiv. Also: *„Ruhig am Esstisch sitzenbleiben“* (und nicht: *„Den Tisch während des Essens nicht verlassen“*) oder *„Im Wohnzimmer langsam gehen“* (statt *„Nicht herumtoben.“*)
- Entscheiden und erklären Sie, wie sich Ihr Kind Punkte oder Aufkleber verdienen kann. (z. B. *„Jedesmal wenn du während des Essens die ganze Zeit ruhig sitzengeblieben bist, bekommst du einen Stern.“*)
- Setzen Sie eine Anzahl von Punkten oder Aufklebern fest, die sich Ihr Kind verdienen muss, bevor es eine Belohnung bekommt. Setzen Sie zunächst ein leichtes Ziel an, sodass Ihr Kind wenigstens dreimal eine Belohnung bekommt, bevor das Ziel schwerer zu erreichen wird. Fragen Sie Ihr Kind, wie viele Marken oder Aufkleber es für eine Belohnung benötigt, um sicher zu gehen, dass es alles verstanden hat.
- Entscheiden und erklären Sie die Anzahl von Punkten, die für eine Belohnung notwendig sind. Einigen Sie sich auf durchführbare Belohnungen - nicht zu teuer und nicht zu schwierig zu organisieren.
- Legen Sie die Konsequenzen für das Brechen einer Regel oder für das Nicht-Erreichen des Zieles fest (siehe nächstes Kapitel „Umgang mit Problemverhalten“).

- Loben Sie Ihr Kind jedesmal, wenn es sich einen Punkt verdient hat.
- Geben Sie die Belohnung, wenn Ihr Kind das festgelegte Ziel erreicht hat. Erreicht es das Ziel nicht, geben Sie ihm keine Belohnung, aber kritisieren Sie Ihr Kind auch nicht und nehmen Sie ihm nicht die Punkte weg, die es sich bereits verdient hat!
- Wenn Ihr Kind das Ziel jeden Tag erreicht, können Sie beginnen, die Belohnungen ausklingen zu lassen. Geben Sie die Belohnung z. B. nur noch jeden zweiten Tag und dann nur noch am Ende der Woche.
- Eine wöchentliche Belohnung könnte z. B. ein Familienereignis sein, auf das sich Ihr Kind freut. Besondere Aktivitäten, die nicht jeden Tag möglich sind, können eine zusätzliche Motivation für Ihr Kind sein.
- Beginnen Sie langsam damit, die Punktekarte abzuschaffen, und machen Sie Belohnungen weniger vorhersehbar, indem Sie sie nur noch von Zeit zu Zeit geben. Loben Sie Ihr Kind auch weiterhin für gutes Verhalten.

ÜBUNG 10 *Den Gebrauch einer Punktekarte planen*

Schreiben Sie das Verhalten Ihres Kindes auf, für das Sie eine Punktekarte benutzen möchten. Versichern Sie sich, dass der Satz, den Sie aufschreiben, positiv formuliert ist. Das Verhalten könnte z. B. heißen *„Tun, was Mama oder Papa sagen“* anstelle von *„Nicht ungehorsam sein“* oder *„Freundlich sprechen“* statt *„Nicht schreien“* oder *„Teilen“* und nicht *„Nicht um das Spielzeug streiten“*. Für Ihr Kind muss klar sein, welches Verhalten genau Sie von ihm erwarten.

....

....

....

....

Überlegen Sie sich, was Ihr Kind bekommen soll, wenn es sich wie erwartet verhält (z. B. Sticker, Stempel, Sterne, Smilies), und wie viele es davon „sammeln“ muss, um eine Belohnung zu bekommen. Denken Sie daran, dass das Ziel anfangs leicht erreichbar sein muss, damit Ihr Kind schnell für seine Anstrengungen belohnt wird. Später können Sie das Ziel allmählich schwieriger machen.

....

....

....

....

Beschreiben Sie hier die Belohnungen, die sich Ihr Kind „verdienen“ kann, wenn es eine bestimmte Anzahl von Punkten gesammelt hat. Suchen Sie Belohnungen aus, die Ihrem Kind Spaß machen. Es ist gut, mögliche Belohnungen mit Ihrem Kind zu besprechen und ihm eine (angemessene) Wahl zu lassen.

....

....

....

....

Nach der *nächsten* Sitzung sollten Sie entscheiden, welche Konsequenzen Sie anwenden können, wenn Ihr Kind das Ziel nicht erreicht bzw. eine „Regel bricht". Genaueres dazu wird in Sitzung 3 besprochen.

Machen Sie hier eine Liste mit allem, was Sie für das Einführen einer Punkte-Karte brauchen und ggf. besorgen müssen (z. B. Sticker, Belohnungen).

....

....

....

....

SCHLUSSFOLGERUNG

Zusammenfassung der Sitzung

In der heutigen Sitzung wurden 10 positive Erziehungsstrategien eingeführt. Zu diesen Strategien gehören:

- mit Ihrem Kind wertvolle Zeit verbringen
- mit Ihrem Kind sprechen
- Ihrem Kind Zuneigung zeigen
- Ihr Kind loben
- Ihrem Kind Aufmerksamkeit schenken
- für spannende Aktivitäten sorgen
- Lernen am Modell
- beiläufiges Lernen
- die Methode Fragen-Sagen-Tun
- Punktekarten

■ HAUSAUFGABEN

- Wählen Sie zwei der heute vorgestellten Strategien aus, die Sie im Umgang mit Ihrem Kind in der nächsten Woche ausprobieren möchten. Benutzen Sie dazu auch die Checkliste auf der nächsten Seite.

....

....

....

....

- Besprechen Sie mit Ihrem Kind mögliche Belohnungen für den Gebrauch der Punktekarte.
- Bereiten Sie das Material für den Gebrauch der Punktekarte vor, *aber beginnen Sie noch nicht damit.* In der nächsten Sitzung werden Sie noch mehr Informationen dazu erhalten.

Inhalt der nächsten Sitzung

In Sitzung 3 geht es um praktische Strategien für den Umgang mit Problemverhalten und um Möglichkeiten, Kindern zu helfen, Selbstkontrolle zu erlernen.

■ HAUSAUFGABEN

CHECKLISTE „FÖRDERUNG DER KINDLICHEN ENTWICKLUNG"

Wählen Sie zwei der Strategien aus, die in der zweiten Sitzung besprochen wurden und die Sie in der nächsten Woche zu Hause ausprobieren wollen. Machen Sie es so konkret wie möglich (ein Ziel könnte zum Beispiel sein, mindestens fünfmal am Tag Ihr Kind beschreibend zu loben). Benutzen Sie die Tabelle, um festzuhalten, ob Sie Ihre Ziele jeden Tag erreicht haben. Schreiben Sie auf, was gut läuft und ob es Probleme gibt.

1. ZIEL:

....

....

2. ZIEL:

....

....

Tag	1. Ziel: Ja/Nein	2. Ziel: Ja/Nein	Bemerkungen
1			
2			
3			
4			
5			
6			
7			

Umgang mit Problemverhalten

Sitzung 3

ÜBERBLICK

Alle Kinder müssen lernen, Grenzen zu akzeptieren und ihre Enttäuschung zu kontrollieren, wenn ihre Wünsche nicht erfüllt werden können. Der Umgang mit diesen Situationen kann für Eltern schwierig sein, aber es gibt positive und effektive Wege, wie man Kindern helfen kann, Selbstkontrolle aufzubauen. Kinder lernen Selbstkontrolle, wenn ihre Eltern auf Problemverhalten mit bestimmten Konsequenzen reagieren, und zwar *unmittelbar, konstant* und *entschieden*. Verschiedene Möglichkeiten des Umgangs mit dem Problemverhalten von Kindern werden in der heutigen Sitzung aufgezeigt. Betrachten Sie jede als eine Möglichkeit, die Sie mit Ihrer Familie nutzen können. Es wird sehr viele Möglichkeiten für Sie geben, diese Strategien zu üben, damit Sie sich besser entscheiden können, welche davon Sie anwenden möchten.

ZIELE

Am Ende der dritten Sitzung sollten Sie in der Lage sein:

- Familienregeln aufzustellen und diese mit der Familie zu diskutieren.
- direktes Ansprechen und absichtliches Ignorieren zu nutzen, um mit leichtem Problemverhalten umzugehen.
- Ihrem Kind klare, ruhige Anweisungen zu geben.
- Ihre Anweisungen mit Konsequenzen zu untermauern (Stiller Stuhl, Auszeit).
- eine Punktekarte in die Praxis umzusetzen.

Umgang mit Problemverhalten

Stellen Sie klare Familienregeln auf

Empfohlenes Alter: 3-12 Jahre. Kinder brauchen Grenzen, um zu wissen, was von ihnen erwartet wird und wie sie sich verhalten sollen. Einige wenige Familienregeln können dabei helfen. Solche Regeln sollten besagen, was Kinder tun sollen, und nicht, was sie nicht tun sollen. *„Wir gehen im Haus. Wir sprechen mit ruhiger Stimme. Wir vertragen uns."* sind bessere Regeln als *„Nicht laufen! Nicht schreien! Nicht streiten!"* Regeln wirken am besten, wenn sie gerecht und leicht zu befolgen sind und wenn bei Regelverletzungen eine Konsequenz angewendet wird.
Versuchen Sie, Ihr Kind bei der Entscheidung über die Familienregeln miteinzubeziehen und beachten Sie folgende **„Regeln für Regeln"**:

- Wenige sind genug (max. 5 - 7).
- Die Regeln sollten fair sein,
- sie sollten leicht zu befolgen sein,
- sie sollten durchsetzbar sein,
- sie sollten positiv formuliert sein.

ÜBUNG 1 *Familienregeln aufstellen*

Diskutieren Sie Ihre Ideen mit der Gruppe. Listen Sie zwei oder drei Regeln auf, die Sie zu Hause einführen möchten.

....

....

....

....

Reagieren Sie mit direktem Ansprechen auf Regelverstösse

Empfohlenes Alter: 3-12 Jahre. Es ist am besten, ein Kind direkt anzusprechen, wenn es eine Grundregel im Haus von Zeit zu Zeit vergisst. Versuchen Sie dabei zuerst, die Aufmerksamkeit Ihres Kindes zu gewinnen und sagen Sie ihm dann, was das Problem ist. Erklären Sie danach kurz, warum es ein Problem ist und beschreiben Sie, was Ihr Kind stattdessen tun soll (oder lassen Sie Ihr Kind dies selbst tun). Das richtige Verhalten sollte dann einmal durchgeführt werden.
Ein Beispiel: *„Jan, du rennst im Haus und könntest dabei etwas kaputt machen. Wie heißt unsere Regel über das Verhalten im Haus? Zeig mir mal, wie man sich richtig im Haus bewegt. Geh zurück zur Tür und komm noch einmal herein."*
Um die Wirkung des direkten Ansprechens noch zu erhöhen, können Sie Ihr Kind das richtige Verhalten zweimal wiederholen lassen. Was Sie tun können, wenn Ihr Kind Ihre Anweisung nicht befolgt, wird in den nächsten Abschnitten vorgestellt.

ÜBUNG 2 *Ideen für direktes Ansprechen*

Überlegen Sie sich eine Regel, die in Ihrer Familie oft gebrochen wird, oder stellen Sie sich vor, dass Ihr Kind gerade eine der neuen Regeln gebrochen hat. Arbeiten Sie mit einem Partner heraus, was Sie auf jeder Stufe des direkten Ansprechens sagen könnten, um Ihrem Kind das richtige Verhalten beizubringen.

Situation:

....

....

Gewinnen Sie die Aufmerksamkeit Ihres Kindes.

....

....

Beschreiben Sie das Problem einfach und mit ruhiger Stimme.

....

....

Erklären Sie kurz, warum das Verhalten ein Problem ist.

....

....

Beschreiben Sie das richtige Verhalten oder fragen Sie Ihr Kind danach.

....

....

Bitten Sie Ihr Kind, das richtige Verhalten zu üben.

....

....

Loben Sie Ihr Kind für das richtige Verhalten.

....

....

Setzen Sie bei leichtem Problemverhalten absichtliches Ignorieren ein

Empfohlenes Alter: 1-7 Jahre. Absichtliches Ignorieren bedeutet, das Kind bewusst nicht zu beachten, wenn ein eher geringfügiges Problemverhalten auftritt. Dies kann z.B. Jammern sein, mit alberner Stimme sprechen oder Schimpfwörter benutzen. Wenn Sie ein Verhalten ignorieren, schauen und sprechen Sie Ihr Kind nicht an. Zu Beginn wird Ihr Kind vielleicht laut werden, um Ihre Aufmerksamkeit zu erringen. Wenn notwendig, drehen Sie sich um und gehen weg. Versuchen Sie, ruhig zu bleiben. Ignorieren Sie Ihr Kind so lange, wie das Problemverhalten anhält, und loben Sie es, sobald es damit aufhört und sich angemessen verhält. Schwerwiegenderes Problemverhalten sollten Sie dagegen nicht ignorieren. Wenn Ihr Kind z.B. jemandem wehtut oder etwas kaputtmacht, sollten Sie sofort und entschieden reagieren (siehe Übungen 4-7).

ÜBUNG 3 *Ideen für absichtliches Ignorieren*

Diskutieren Sie die folgenden Fragen mit der Gruppe und schreiben Sie Ihre Antworten auf.

Für welche Verhaltensweisen können Sie absichtliches Ignorieren einsetzen?

....

....

....

....

Wann sollten Sie aufhören, ein Verhalten zu ignorieren?

....

....

....

....

Was würde Sie davon abhalten, absichtliches Ignorieren anzuwenden?

....

....

....

....

Geben Sie klare, ruhige Anweisungen

Empfohlenes Alter: 2-12 Jahre. Es ist wichtig, Kindern klare und direkte Anweisungen mit ruhiger Stimme zu geben. Seien Sie dabei immer darauf vorbereitet, auch Konsequenzen anzuwenden, wenn Ihr Kind nicht tut, was Sie von ihm möchten. Es ist natürlich nicht notwendig, jedesmal auf unmittelbarem Gehorsam zu bestehen. Wenn Sie möchten, dass Ihr Kind etwas tut (z.B. sich anziehen), lassen Sie es seine Beschäftigung beenden oder warten Sie auf eine Unterbrechung in seiner Aktivität, bevor Sie Ihre Anweisung geben. Reagieren Sie sofort, wenn ein Problemverhalten auftritt. Wenn Sie möchten, dass Ihr Kind etwas tut, gehen Sie folgendermaßen vor:

Gewinnen Sie die Aufmerksamkeit Ihres Kindes
Wenn ein Problemverhalten auftritt, unterbrechen Sie Ihre Tätigkeit, gehen Sie nahe zu Ihrem Kind und bücken Sie sich, um auf Augenhöhe mit ihm zu kommen. Um seine Aufmerksamkeit zu erringen, sprechen Sie es mit seinem Namen an.

Sagen Sie Ihrem Kind, was es tun soll
Sagen Sie genau, was Sie von Ihrem Kind möchten - *„Anna, es ist Zeit zum Abendessen. Setz dich bitte an den Tisch."* Wenn Sie möchten, dass Ihr Kind mit etwas aufhört, achten Sie darauf, dass Sie sagen, was es stattdessen tun soll - *„Tim, hör auf herumzuzappeln. Nimm dein Besteck in die Hand und fang an zu essen."*

Geben Sie Ihrem Kind Zeit, zu tun, was Sie von ihm möchten
Wenn Sie Ihr Kind aufgefordert haben, etwas zu tun, warten Sie einen Augenblick. Geben Sie ihm etwa fünf Sekunden Zeit zum Reagieren. Bleiben Sie in der Nähe und beobachten Sie Ihr Kind.

Loben Sie Ihr Kind, wenn es gehorcht
Loben Sie Ihr Kind, wenn es das tut, worum Sie gebeten haben - *„Toll Max, dass du dich sofort allein angezogen hast."*

Wiederholen Sie Ihre Anweisung
Wenn Sie darum bitten, dass Ihr Kind etwas Bestimmtes tut, und Ihr Kind nicht innerhalb von 5 Sekunden reagiert, wiederholen Sie Ihre Anweisung. Wenn Sie Ihr Kind jedoch gebeten haben, mit etwas aufzuhören, wiederholen Sie Ihre Anweisung nicht, sondern reagieren Sie sofort mit einer Konsequenz.

Reagieren Sie mit einer Konsequenz
Wenn Ihr Kind nicht tut, worum Sie es gebeten haben, lassen Sie eine Konsequenz folgen (siehe Übungen 5, 6 und 7).

ÜBUNG 4 ***Ideen für klare, ruhige Anweisungen***

Diskutieren Sie mit der Gruppe einige Beispiele für klare, ruhige Anweisungen, die Sie in den folgenden Situationen benutzen könnten und schreiben Sie diese auf. Geben Sie auch an, wie oft Sie die Anweisung geben würden.

Es ist Zeit zum Abendessen.

....

....

....

Ein kleines Kind springt auf dem Sofa herum.

....

....

....

Die Spielsachen sind auf dem Boden verstreut.

....

....

....

Ihr Kind unterbricht Sie, während Sie telefonieren.

....

....

....

Es ist Zeit, sich zum Nachhausegehen fertigzumachen.

....

....

....

Setzen Sie logische Konsequenzen ein

Empfohlenes Alter: 2-12 Jahre. Logische Konsequenzen werden am besten bei geringfügigerem und seltenerem Problemverhalten angewendet. Wenn Ihr Kind eine Regel oder eine eindeutige Anweisung nicht beachtet, wählen Sie eine Konsequenz, die der Situation angemessen ist. Entfernen Sie das Spielzeug oder unterbrechen Sie die Beschäftigung, auf die das Problem sich unmittelbar bezieht. Logische Konsequenzen sind am effektivsten, wenn sie kurz sind - 5-30 Minuten sind normalerweise lang genug. Gehen Sie folgendermaßen vor, wenn ein Problem auftritt:

Unterbrechen Sie die Beschäftigung des Kindes

Debattieren und argumentieren Sie nicht mit Ihrem Kind über Ihre Entscheidung. Reagieren Sie, sobald das Problem auftritt, d. h. wenn Ihr Kind eine Anweisung nicht befolgt hat. Erklären Sie kurz, warum Sie das Spielzeug entfernen oder die Aktivität unterbrechen: *„Du lässt deinen Bruder nicht mitspielen; deshalb packe ich das Puzzle jetzt für fünf Minuten weg."* oder *„Du weigerst dich, deinen Fahrradhelm aufzusetzen; also musst du dein Fahrrad für eine halbe Stunde wegstellen."* oder *„Ihr streitet euch immer noch über das Fernsehen; deshalb bleibt es jetzt zehn Minuten aus"* oder *„Weil du mit Sand wirfst, gehst du jetzt fünf Minuten nicht mehr in die Sandkiste."*

Lassen Sie Ihr Kind danach seine Beschäftigung fortsetzen

Achten Sie darauf, dass Sie sich an die Vereinbarung halten. Stellen Sie, sobald die Zeit vorüber ist, die Aktivität erneut zur Verfügung. Nur so kann Ihr Kind angemessenes Verhalten üben. Versuchen Sie zu vermeiden, dass dasselbe Problem noch einmal auftritt, indem Sie Ihrem Kind bei der Problemlösung helfen, z. B. gemeinsam besprechen, wer ein Spielzeug zuerst benutzt.

Setzen Sie, wenn nötig, andere Konsequenzen ein

Wenn das Problemverhalten innerhalb einer Stunde erneut auftritt, entfernen Sie die Aktivität für eine längere Zeitspanne, etwa den Rest des Tages, oder benutzen Sie den Stillen Stuhl (siehe Seite 45).

ÜBUNG 5 *Ideen für logische Konsequenzen*

Diskutieren Sie mit der Gruppe logische Konsequenzen für die folgenden Situationen und machen Sie sich Notizen dazu.

Ihr Kind spielt während des Essens mit seinem Getränk.

....

....

....

Ihr Kind geht unachtsam mit einem Spielzeug um.

....

....

....

Ihr Kind läuft während des Spaziergangs zu weit weg.

....

....

....

Ihr Kind klettert gefährlich auf der Rutsche herum.

....

....

....

Ihr Kind bemalt die Tapete.

....

....

....

Benutzen Sie den Stillen Stuhl

Empfohlenes Alter: 18 Monate - 10 Jahre. Der Stille Stuhl ist eine milde und effektive Methode, mit der man Kindern helfen kann, angemessenes Verhalten zu erlernen. Benutzen Sie den Stillen Stuhl, wenn Ihr Kind nicht tut, worum Sie es gebeten haben, und andere Konsequenzen keinen Erfolg hatten. Stiller Stuhl bedeutet, dass Ihr Kind seine Beschäftigung unterbrechen und für kurze Zeit in dem Raum, in dem das Problem aufgetreten ist, ruhig in Ihrer Nähe sitzen muss, ohne dass Sie es beachten. Jüngere Kinder können in einem Gitterbett oder Laufstall sitzen. Wenn Ihr Kind es schafft, während der festgesetzten Zeit ruhig sitzen zu bleiben, darf es mit seiner Beschäftigung weitermachen. Bei der Methode Stiller Stuhl sind kurze Zeiten wirkungsvoller als längere. Sie sollten bei etwa zweijährigen Kindern eine Minute, bei drei- bis fünfjährigen zwei Minuten und bei fünf- bis zehnjährigen fünf Minuten nicht überschreiten.

Es ist wichtig, dass Ihr Kind weiß, was von ihm erwartet wird, wenn Sie den Stillen Stuhl einführen. Setzen Sie sich hin und erklären Sie Ihrem Kind, welches spezielle Problemverhalten den Stillen Stuhl zur Folge haben wird und wie der Ablauf ist. Erklären Sie die Regeln für den Stillen Stuhl. Versichern Sie sich, dass Ihr Kind verstanden hat, dass es sich für eine festgelegte Zeit ruhig verhalten muss, bevor es mit seiner Beschäftigung weitermachen darf.

Halten Sie sich an die folgenden Schritte, sobald ein Problemverhalten auftritt:

Sagen Sie Ihrem Kind, was es tun soll

Reagieren Sie sofort, wenn Sie sehen, dass ein Problemverhalten auftritt. Gehen Sie in die Nähe Ihres Kindes, versuchen Sie, seine Aufmerksamkeit zu erlangen, und sagen ihm dann, was es tun soll - *„Daniel, höre auf, deine Schwester anzuschreien. Sprich ruhig mit ihr."* Loben Sie Ihr Kind, wenn es tut, worum Sie es gebeten haben.

Benutzen Sie bei Nicht-Befolgen den Stillen Stuhl

Wenn das Problemverhalten weiter anhält oder innerhalb der nächsten Stunde erneut auftritt, sagen Sie Ihrem Kind, was es falsch gemacht hat - *„Du hast nicht aufgehört zu schreien"* - und die Konsequenz - *„Deshalb musst du dich jetzt für zwei Minuten auf den Stillen Stuhl setzen."* Sprechen Sie ruhig und fest. Wenn nötig, tragen Sie Ihr Kind zum Stillen Stuhl. Ignorieren Sie jeglichen Protest. Halten Sie keinen langen Vortrag und streiten oder schimpfen Sie nicht mit ihm.

Erinnern Sie Ihr Kind an die Regeln

Während Sie Ihr Kind zum Stillen Stuhl bringen, erinnern Sie es daran, dass es mit seiner Beschäftigung fortfahren kann, sobald es die festgelegte Zeit ruhig geblieben ist. Wenn Ihr Kind auf dem Stillen Stuhl nicht ruhig ist, wenden Sie die Auszeit an (siehe Seite 48).

Was passiert nach dem Stillen Stuhl?

Sprechen Sie den Vorfall danach nicht mehr an. Helfen Sie Ihrem Kind, eine Beschäftigung zu finden. Loben Sie Ihr Kind nachher sobald wie möglich für angemessenes Verhalten. Wenn das Problemverhalten wieder auftritt, müssen Sie den Stillen Stuhl erneut benutzen.

ÜBUNG 6 *Vorbereitung auf den Stillen Stuhl*

Diskutieren Sie folgende Fragen mit der Gruppe und machen Sie sich Notizen:

Welchen Platz im Haus können Sie für den Stillen Stuhl benutzen?

....

....

....

....

Was sagen Sie zu Ihrem Kind, wenn Sie es zum Stillen Stuhl bringen?

....

....

....

....

Wie lange soll Ihr Kind ruhig auf dem Stillen Stuhl bleiben?

....

....

....

....

Wann sprechen Sie wieder mit Ihrem Kind?

....

....

....

....

Was sagen sie zu Ihrem Kind, wenn es den Stillen Stuhl verlassen darf?

....

....

....

....

Was können Sie tun, wenn Ihr Kind nicht ruhig sitzenbleibt?

....

....

....

....

Benutzen Sie die Auszeit, um auf schwerwiegenderes Problemverhalten zu reagieren

Empfohlenes Alter: 2-10 Jahre. Wenn ein Kind immer wieder nicht das tut, was Sie von ihm erwarten, ist die Gefahr groß, dass Sie die Nerven verlieren und es dann anschreien, ihm drohen oder es schlagen. Mit der Auszeit können Sie so etwas vermeiden. Wenn sie korrekt benutzt wird, ist die Auszeit eine sehr effektive Möglichkeit, um Kindern zu helfen, Selbstkontrolle und angemessenes Verhalten zu erlernen. Der Hauptvorteil dieser Methode ist, dass sie von Ihnen als Eltern verlangt, ruhig zu bleiben. Wenn Sie wütend werden, besteht das Risiko, dass Sie die Kontrolle verlieren und Ihrem Kind wehtun. Eine Auszeit gibt in einer eskalierenden Situation jedem die Möglichkeit, sich zu beruhigen. Sie können eine Auszeit anwenden, wenn Ihr Kind auf dem Stillen Stuhl nicht ruhig bleibt oder als eine Konsequenz für Wutanfälle oder schwerwiegendes Problemverhalten, wie z. B. anderen wehtun.

Auszeit wird im Wesentlichen genau wie der Stille Stuhl angewendet. Der Unterschied besteht darin, dass das Kind in einen anderen Raum gebracht wird, in dem sonst niemand ist. Lassen Sie die Tür zunächst offen. Wenn Ihr Kind nicht in dem Zimmer bleibt, müssen Sie die Tür eventuell schließen. Eine Auszeit sollte an einem für Ihr Kind uninteressanten, aber sicheren Ort stattfinden, der hell und durchlüftet ist. Ein Kinderzimmer mit viel Spielzeug ist oft ungünstiger als z. B. das Badezimmer, das „kindersicher“ gemacht wird, indem alle gefährlichen Dinge entfernt oder weggeschlossen werden.

Auch bei der Auszeit ist eine kürzere Zeitspanne wirkungsvoller als eine längere. Eine Minute sollte bei zweijährigen Kindern, zwei Minuten bei drei- bis fünfjährigen und maximal fünf Minuten bei fünf- bis zehnjährigen angewendet werden.

Es ist wichtig, dass Ihr Kind weiß, was von ihm erwartet wird, bevor die Auszeit beginnt. Setzen Sie sich hin und erklären Sie Ihrem Kind, welches spezielle Verhalten eine Auszeit zur Folge haben und wie diese angewendet wird. Erklären Sie die Regeln der Auszeit. Versichern Sie sich, dass Ihr Kind verstanden hat, dass es sich eine festgelegte Zeit ruhig verhalten muss, bevor es wiederkommen darf.

Die Regeln für die Auszeit sind ähnlich wie die beim Stillen Stuhl:

Sagen Sie Ihrem Kind, was es tun soll

Reagieren Sie sofort, wenn Sie sehen, dass ein Problemverhalten auftritt. Gehen Sie in die Nähe Ihres Kindes, versuchen Sie, seine Aufmerksamkeit zu erlangen, und sagen Sie ihm dann, womit es aufhören soll - *„Anna, höre sofort auf, mit den Bauklötzen zu werfen.“* - und was es stattdessen tun soll - *„Bau doch mit den Steinen ein Haus.“* Loben Sie Ihr Kind, wenn es tut, worum Sie es gebeten haben.

Wenden Sie bei Nicht-Befolgen die Auszeit an

Wenn das Problemverhalten nicht innerhalb von 5 Sekunden aufhört, sagen Sie Ihrem Kind, was es falsch gemacht hat - *„Du hast nicht aufgehört, mit den Bauklötzen zu werfen.“* - und die Konsequenz - *„Deshalb musst du jetzt in die Auszeit gehen.“* Sprechen Sie ruhig und fest. Ignorieren Sie jeglichen Protest. Halten Sie keinen langen Vortrag und streiten oder schimpfen Sie nicht mit ihm.

Erinnern Sie Ihr Kind an die Regeln
Während Sie Ihr Kind in die Auszeit bringen, erinnern Sie es daran, dass es wiederkommen darf, sobald es die festgelegte Zeit ruhig geblieben ist.

Ignorieren Sie Problemverhalten während der Auszeit
Einige Kinder hören auch in der Auszeit nicht mit Problemverhalten wie Treten, Schreien oder Weinen auf. Wenn Sie diesem Verhalten Beachtung schenken, wird die Auszeit wirkungslos. Setzen Sie die Strategie fort. Sprechen Sie nicht mit Ihrem Kind und beachten Sie es in keiner Hinsicht, bis es die festgesetzte Zeit ruhig geblieben ist.

Nach der Auszeit
Sprechen Sie den Vorfall nicht mehr an, nachdem die Auszeit vorüber ist. Helfen Sie Ihrem Kind, eine Beschäftigung zu finden. Achten Sie auf erwünschtes Verhalten und loben Sie Ihr Kind dann. Wenn das Problemverhalten erneut auftritt, müssen Sie die Auszeit-Methode nochmals anwenden.

Machen Sie sich Notizen
Vielleicht hilft es Ihnen, jedesmal aufzuschreiben, wann Sie eine Auszeit angewendet haben und wie lange es gedauert hat, bis Ihr Kind die festgelegte Zeit ruhig geblieben ist (siehe Auszeit-Beobachtungsbogen auf Seite 58). Sobald Ihr Kind die Routine der Auszeit gelernt hat, sollte es sich schneller beruhigen und die Anwendung weniger häufig notwendig sein. Wenn Probleme während der Auszeit auftreten, oder sich die Dinge am Ende der zweiten Woche nicht gebessert haben, ist es wichtig, dass Sie professionelle Hilfe aufsuchen.

Probleme mit der Auszeit

Einige Eltern haben schon ähnliche Methoden wie die Auszeit ausprobiert und bemerkt, dass sie nicht wirkungsvoll waren. So etwas kann folgende Gründe gehabt haben:

- *Das Kind durfte selbstständig entscheiden, wann es die Auszeit beendet.* Wenn Eltern z.B. sagen: *„Phillip, so wird in diesem Haus nicht geredet. Geh in dein Zimmer und komm erst wieder, wenn du bereit bist, normal mit uns zu reden.“*, wird das Kind wahrscheinlich in sein Zimmer gehen und sofort wieder herauskommen.
- *Die Auszeit wurde nicht konstant angewendet.* Auszeit ist am wirkungsvollsten, wenn Eltern sie jedesmal anwenden, wenn das jeweilige Problemverhalten auftritt, anstatt nur mit ihr zu drohen oder sie nur von Zeit zu Zeit durchzuführen.
- *Das Kind durfte aus der Auszeit kommen, obwohl es sich noch nicht beruhigt hatte.* Dies ist ein Problem, weil das Kind lernt, dass es nur lauter und anhaltend schreien muss, um wiederkommen zu dürfen. Die Auszeit sollte erst dann beendet werden, wenn das Kind wirklich ruhig geblieben ist, und nicht, wenn es verspricht, sich jetzt gut zu benehmen, oder einfach eine bestimmte Zeit in dem Raum geblieben ist. Die Auszeit beginnt, wenn jeglicher Lärm und Protest aufgehört hat.

ÜBUNG 7 *Vorbereitung auf die Auszeit*

Sitzung 3

Diskutieren Sie folgende Fragen mit der Gruppe und machen Sie sich Notizen:

Welchen Raum könnten Sie für die Auszeit benutzen?

....

....

Was sagen Sie zu Ihrem Kind, wenn Sie die Auszeit vorbesprechen?

....

....

....

Was sagen Sie zu Ihrem Kind, wenn Sie es in die Auszeit bringen?

....

....

Wie lange soll die Auszeit dauern?

....

....

Wann sprechen Sie wieder mit Ihrem Kind?

....

....

Was sagen Sie zu Ihrem Kind, wenn die Auszeit vorüber ist?

....

....

Was können Sie tun, wenn Ihr Kind hinterher nicht aus der Auszeit kommen will?

....

....

....

....

Was können Sie tun, wenn Ihr Kind im Auszeit-Raum große Unordnung macht?

....

....

....

Was können Sie tun, wenn Ihr Kind aus der Auszeit kommt, bevor sie vorüber ist?

....

....

....

....

Was könnte passieren, wenn Sie Ihrem Kind mit der Auszeit drohen?

....

....

....

....

Was könnte passieren, wenn Sie Ihr Kind aus der Auszeit kommen lassen, wenn es „Theater macht"?

....

....

....

....

Die Entwicklung von Erziehungsroutinen

Das Flussdiagramm auf der nächsten Seite zeigt, wie man einige dieser Strategien zu einer „Kooperationsroutine" zusammenstellen kann. Diese Routine können Sie anwenden, wenn Sie möchten, dass Ihr Kind mit einer neuen Tätigkeit beginnt wie z. B. sich für das Bett oder zum Abendessen fertigzumachen.

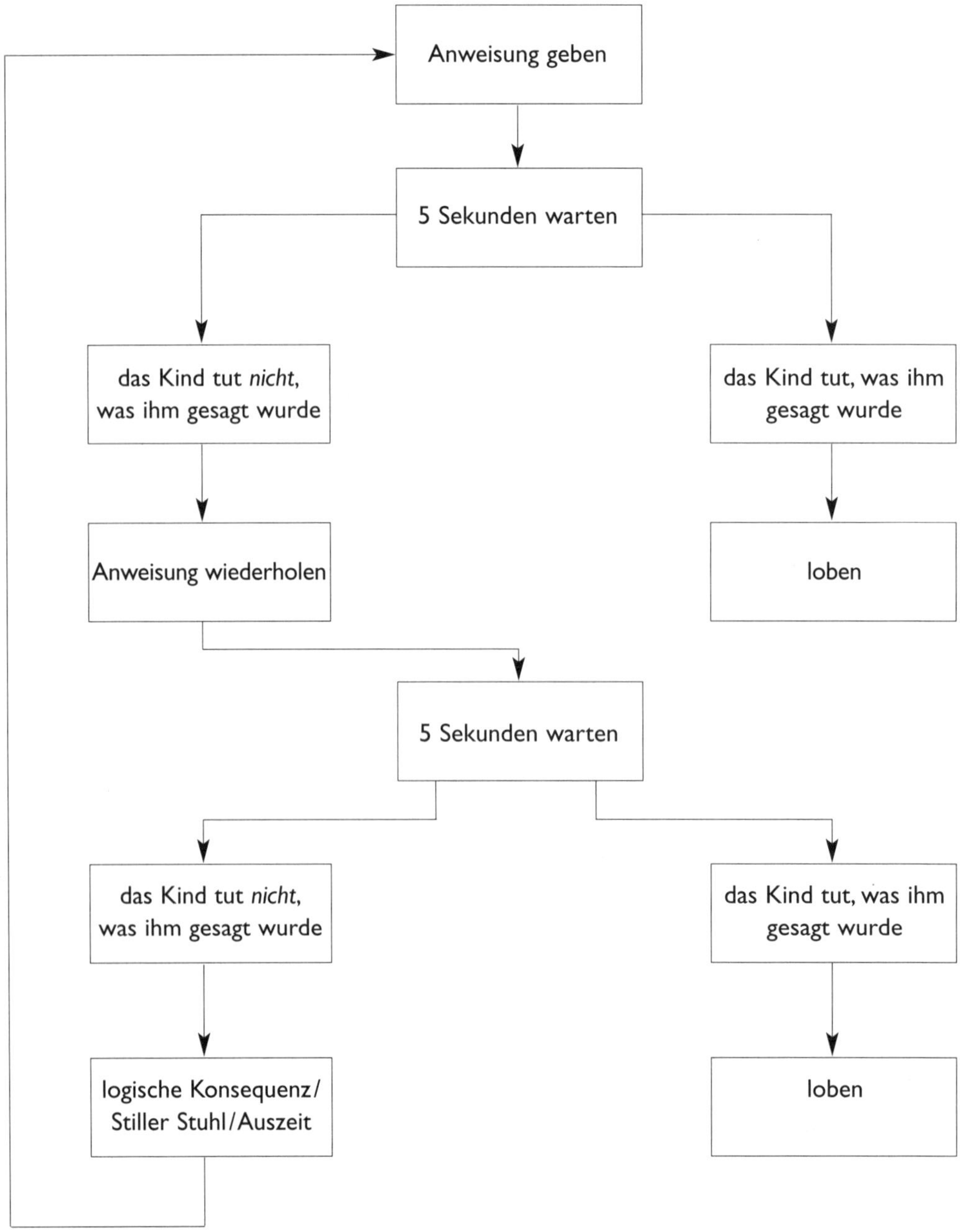
Anweisung geben
5 Sekunden warten
das Kind tut *nicht*, was ihm gesagt wurde
das Kind tut, was ihm gesagt wurde
Anweisung wiederholen
loben
5 Sekunden warten
das Kind tut *nicht*, was ihm gesagt wurde
das Kind tut, was ihm gesagt wurde
logische Konsequenz/ Stiller Stuhl/Auszeit
loben

Übung 8 *Anwenden der Kooperationsroutine*

Üben Sie diese Routine mit anderen Gruppenmitgliedern. Als *Beobachter* können Sie sich hier Notizen zu dem jeweiligen Rollenspiel machen.

ABLAUF DER ROUTINE ZUR VERHALTENSÄNDERUNG

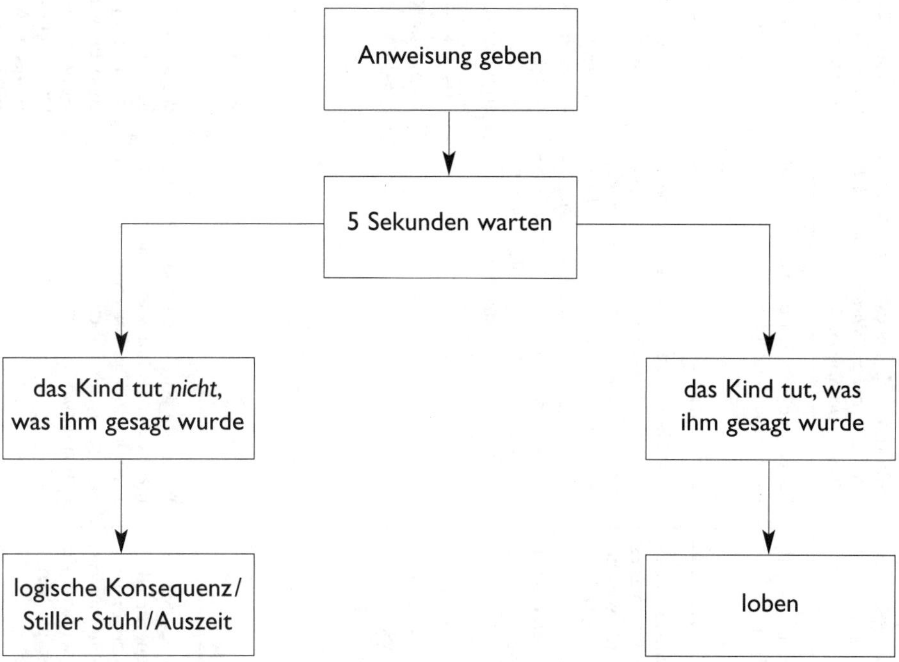

UM EIN SPIELZEUG STREITEN	WUTANFÄLLE	JAMMERN	STÖREN
Gewinnen Sie die Aufmerksamkeit Ihres Kindes. Sagen Sie ihm, womit es aufhören und was es stattdessen tun soll. - *Hört bitte auf, Euch um das Auto zu streiten. Wechselt euch ab.*	Gewinnen Sie die Aufmerksamkeit Ihres Kindes. Sagen Sie ihm, womit es aufhören und was es stattdessen tun soll. - *Hör auf zu schreien. Sprich bitte mit normaler Stimme.*	Gewinnen Sie die Aufmerksamkeit Ihres Kindes. Sagen Sie ihm, womit es aufhören und was es stattdessen tun soll. - *Hör auf zu jammern. Sag, was du möchtest.*	Gewinnen Sie die Aufmerksamkeit Ihres Kindes. Sagen Sie ihm, womit es aufhören und was es stattdessen tun soll. - *Stör mich bitte nicht. Warte, bis ich fertig bin.*
Loben Sie Ihr Kind, wenn es tut, worum Sie es gebeten haben.	Loben Sie Ihr Kind, wenn es tut, worum Sie es gebeten haben.	Loben Sie Ihr Kind, wenn es tut, worum Sie es gebeten haben.	Wenn Ihr Kind wartet, bis Sie fertig sind oder eine Pause machen, loben Sie es für das Warten und schenken Sie ihm Aufmerksamkeit.
Wenn Ihr Kind nicht tut, worum Sie es gebeten haben, sagen Sie ihm, was es falsch gemacht hat, und welche Konsequenz das hat. - *Ihr habt Euch nicht geeinigt. Jetzt kommt das Auto für 5 Minuten weg.* - Diskutieren und argumentieren Sie nicht darüber.	Wenn Ihr Kind nicht tut, worum Sie es gebeten haben, sagen Sie ihm, was es falsch gemacht hat, und welche Konsequenz das hat. - *Du schreist immer noch. Jetzt hast du 5 Minuten Auszeit.* - Diskutieren und argumentieren Sie nicht. Bringen Sie Ihr Kind geradewegs in die Auszeit.	Wenn Ihr Kind nicht tut, worum Sie es gebeten haben, sagen Sie ihm, was es falsch gemacht hat, und welche Konsequenz das hat. - *Du hast nicht aufgehört zu jammern. Du kannst jetzt kein Eis bekommen. Versuch es in 10 Minuten noch einmal.* - Diskutieren und argumentieren Sie nicht darüber.	Wenn Ihr Kind nicht tut, worum Sie es gebeten haben, sagen Sie ihm, was es falsch gemacht hat, und welche Konsequenz das hat. - *Du störst mich immer noch. Deshalb gehst du jetzt für 5 Minuten auf den Stillen Stuhl.* - Diskutieren und argumentieren Sie nicht darüber. Wenn nötig, bringen Sie Ihr Kind zum Stillen Stuhl.
Wenn Ihr Kind protestiert oder sich beschwert, ignorieren Sie es.		Wenn Ihr Kind protestiert oder sich beschwert, ignorieren Sie es.	Wenn Ihr Kind nicht ruhig auf dem Stillen Stuhl sitzen bleibt, sagen Sie ihm, was es falsch gemacht hat und welche Konsequenz das hat. - Du bist nicht ruhig auf dem Stillen Stuhl sitzen geblieben. Jetzt hast du 5 Minuten Auszeit. - Diskutieren und argumentieren Sie nicht. Bringen sie Ihr Kind geradewegs in die Auszeit.
Wenn die Zeit um ist, geben Sie das Spielzeug zurück. Loben Sie Ihre Kinder dafür, dass sie sich einigen. Wenn das Problem erneut auftritt, wiederholen Sie die Konsequenz für eine längere Zeitspanne oder benutzen Sie den Stillen Stuhl.	Wenn Ihr Kind während der festgelegten Zeit ruhig war, holen Sie es zurück und geben Sie ihm eine Beschäftigung. Loben Sie es, wenn es sich angemessen verhält.	Wenn die Zeit um ist und Ihr Kind aufgehört hat zu jammern, loben Sie es dafür und geben Sie ihm Gelegenheit zu sagen, was es möchte. Wenn es dies angemessen tut, loben Sie es und erfüllen Sie ihm wenn möglich seinen Wunsch. Wenn das Problem erneut auftritt, wiederholen Sie die Konsequenz für eine längere Zeitspanne oder benutzen Sie den Stillen Stuhl.	Wenn Ihr Kind während der festgelegten Zeit ruhig war, holen Sie es zurück und geben Sie ihm eine Beschäftigung. Loben Sie es, wenn es sich angemessen verhält.

Wenn Sie möchten, dass Ihr Kind mit einem Problemverhalten aufhört, ist es sinnvoll, eine andere Routine anzuwenden. Zeigt Ihr Kind Problemverhalten, geben Sie die Anweisung nur einmal, wiederholen Sie sie nicht (siehe Seite 53). Auf der Seite 54 finden Sie Beispiele für die Routine zur Verhaltensänderung für Problemverhalten wie Streiten, Wutanfälle, Jammern oder Stören.

ÜBUNG 9 *Anwenden der Routine zur Verhaltensänderung*

Fassen Sie die wichtigsten Schritte der Routine zur Verhaltensänderung für ein spezifisches Verhalten Ihres Kindes, das für Sie problematisch ist, zusammen.

1.

....

....

2.

....

....

3.

....

....

4.

....

....

5.

....

....

Zum Abschluss der Punktekarte

Heute wurden einige Strategien eingeführt, die helfen können, mit Problemverhalten angemessen umzugehen. Erinnern Sie sich an die Punktekarte, die in der zweiten Sitzung geplant wurde. Jetzt geht es um den letzten Schritt, das Festlegen von Konsequenzen für den Fall, dass Ihr Kind das festgesetzte Ziel nicht erreicht bzw. Problemverhalten vorkommt.

ÜBUNG 10 *Konsequenzen für die Punktekarte*

Sitzung 3

Diskutieren Sie folgende Fragen mit der Gruppe:

Was könnten Sie tun, wenn Ihr Kind das gesetzte Ziel nicht erreicht?

....

....

....

....

Was können Sie tun, wenn im Zusammenhang mit der Punktekarte ein Problemverhalten vorkommt (z. B. ein Wutanfall)?

....

....

....

....

SCHLUSSFOLGERUNG

Zusammenfassung der Sitzung

In der heutigen Sitzung wurden sieben Strategien zum Umgang mit kindlichem Problemverhalten eingeführt:

- Familienregeln einführen
- direktes Ansprechen benutzen, um mit Regelverletzungen umzugehen
- absichtliches Ignorieren bei geringfügigem Problemverhalten
- klare, ruhige Anweisungen geben
- Anweisungen mit logischen Konsequenzen „untermauern"
- den Stillen Stuhl für Problemverhalten benutzen
- Auszeit anwenden

■ HAUSAUFGABEN

- Besprechen Sie in Ihrer Familie vier oder fünf Familienregeln.
- Wählen Sie die Strategien aus, die Sie mit Ihrem Kind ausprobieren wollen. Wenn Sie die Auszeit anwenden, behalten Sie im Auge, wie Sie vorgehen. Benutzen Sie dazu den Auszeit-Beobachtungsbogen. Sprechen Sie mit Ihrem Kind zu einem günstigen Zeitpunkt in Ruhe über den Einsatz der neuen Strategien, bevor Sie diese anwenden. Beginnen Sie mit dem Einsatz der neuen Strategien möglichst an einem Tag, an dem Sie sehr wahrscheinlich zu Hause sein werden und nicht zu sehr im Stress sind. Schreiben Sie die Strategien auf, die Sie in den nächsten sieben Tagen ausprobieren möchten.

....

....

....

....

- Setzen Sie die schon geplante und vorbereitete Punktekarte in die Tat um und zwar mit den Konsequenzen, die in der heutigen Sitzung besprochen wurden.

Sitzung 3

Inhalt der nächsten Sitzung

In Sitzung 4 geht es um „Überlebenstipps für Familien“, die helfen können, die Erziehung generell leichter zu machen. Außerdem werden wir uns mit dem Vorausplanen von Situationen beschäftigen, von denen Sie schon wissen, dass es besonders da für Sie schwierig ist, mit dem Verhalten Ihres Kindes umzugehen.

AUSZEIT-BEOBACHTUNGSBOGEN

Notieren Sie den Tag, das Problemverhalten, wann und wo es aufgetreten ist und die Dauer der Auszeit.

Festgesetzte Zeit für die Auszeit: 2 min. ☐ 3 min. ☐ 4 min. ☐ 5 min. ☐

TAG	PROBLEMVERHALTEN	WANN UND WO TRAT ES AUF	DAUER DER AUSZEIT

Vorausplanen

Sitzung 4

ÜBERBLICK

Zu diesem Zeitpunkt haben Sie schon viele Ideen für den Umgang mit für Sie problematischem Verhalten Ihres Kindes bekommen und möglicherweise auch Veränderungen im Verhalten Ihres Kindes feststellen können. Trotzdem gibt es oft noch bestimmte Zeiten oder Situationen, in denen der Umgang mit dem Verhalten Ihres Kindes besonders schwierig ist - sogenannte „Risikosituationen". Probleme treten dann gewöhnlich auf, weil solche Situationen für Kinder nicht gut geeignet sind und sie nicht viel zu tun haben. Einige bekannte risikoreiche Situationen sind z. B. Einkaufen gehen, Besuche machen, in einer Schlange warten oder lange Autofahrten. Für solche Situationen ist Vorausplanen sehr wichtig. In der heutigen Sitzung werden Ihnen „Überlebenstipps für Familien" vorgestellt, und Sie werden Ideen dafür bekommen, was Sie tun können, um die Wahrscheinlichkeit für Problemverhalten Ihres Kindes in Risikosituationen zu verringern.

ZIELE

Am Ende dieser Sitzung sollten Sie in der Lage sein:

- „Überlebenstipps für Familien" zu nutzen, um die Erziehungsaufgabe leichter zu machen.
- Risikosituationen zu Hause und in der Öffentlichkeit zu identifizieren.
- die sechs Schritte der Aktivitätenpläne zu beschreiben.
- Ihren eigenen Aktivitätenplan für zwei Risikosituationen zu erstellen und zu benutzen.

In dieser Sitzung werden Sie außerdem auf die folgenden wöchentlichen Telefonsitzungen vorbereitet.

„Überlebenstipps für Familien"

Es ist einfacher, den Bedürfnissen Ihres Kindes nachzukommen, wenn Sie Ihre eigenen nicht vernachlässigen. Hier sind einige Ideen, die das Erziehen leichter machen können:

Arbeiten Sie zusammen

Erziehung ist leichter, wenn alle Bezugspersonen (Eltern, Lehrer, Erzieherinnen, ältere Geschwister, Großeltern etc.) sich in Erziehungsfragen einig sind. Eltern sollten die Erziehungsmethoden auf die gleiche Art anwenden und sich dabei gegenseitig unterstützen. Bevor Sie eine neue Strategie anwenden, besprechen Sie den Plan mit Ihrem Partner und jedem anderen, der Ihr Kind häufig betreut.

Vermeiden Sie Streitigkeiten vor Ihrem Kind

Kinder reagieren sehr sensibel auf Streitigkeiten zwischen Erwachsenen. Es ist nicht gut für Ihr Kind, wenn Konflikte häufiger auftreten und nicht gelöst werden. Wenn Sie ein schwerwiegendes Problem haben, diskutieren Sie dieses in Abwesenheit Ihres Kindes.

Holen Sie sich Unterstützung

Alle Eltern brauchen auch mal Hilfe bei der Kindererziehung. Partner, Familienangehörige, Freunde und Nachbarn können gute Ansprechpartner sein, um Gedanken und Erfahrungen auszutauschen.

Gönnen Sie sich eine Pause

Auch Eltern brauchen Zeit für sich selbst - ohne Kinder. Das ist normal und gesund. Wenn Ihr Kind gut betreut wird, schadet es ihm nicht, wenn Sie sich von Zeit zu Zeit eine Pause gönnen. Entscheidend ist nicht die Zeitdauer, sondern die Intensität und Qualität der von Eltern und Kindern gemeinsam verbrachten Zeit.

ÜBUNG 1 ***Für sich selbst sorgen***

Auf wen können Sie sich verlassen, wenn Sie Unterstützung brauchen?

Familie: ....

Freunde: ....

Suchen Sie sich in der Gruppe mindestens eine Person, mit der Sie gerne in Kontakt bleiben würden, um sich über Erziehungsfragen auszutauschen.

....

Name .... Telefonnummer ....

Notieren Sie sich Dinge, die Sie gerne tun (entweder alleine, mit dem Partner oder mit Freunden).

....

....

....

Denken Sie darüber nach, wann Sie in der nächsten Woche mal eine Pause machen und wen Sie anrufen könnten, um auf Ihr Kind aufzupassen.

....

....

Risikosituationen

ÜBUNG 2 ***Risikoreiche Erziehungssituationen identifizieren***

Überlegen Sie sich Situationen, die Sie „riskant" finden und machen Sie einen Haken an diese Situationen in den folgenden Kästen „Zuhause" und „Unterwegs". Am Ende der Listen ist noch Platz zur Ergänzung anderer für Sie wichtiger Risikosituationen.

SITUATIONEN ZUHAUSE

- aufwachen, aufstehen ☐
- sich anziehen ☐
- frühstücken, Mittag oder Abendbrot essen ☐
- sich waschen, baden, duschen ☐
- wenn Eltern (mit Hausarbeit) beschäftigt sind ☐
- sich fertig machen, um wegzugehen (z. B. zur Schule, zum Einkaufen etc.) ☐
- wenn Besuch kommt ☐
- drinnen oder draußen selbstständig spielen ☐
- fernsehen ☐
- wenn Eltern telefonieren ☐
- während Eltern das Essen vorbereiten ☐
- wenn Geschwister aus der Schule kommen ☐
- wenn ein Elternteil von der Arbeit kommt ☐
- wenn Eltern ausgehen ☐
- sich ausziehen/sich „bettfertig" machen ☐
- schlafen gehen ☐
- .... ☐
- .... ☐

SITUATIONEN UNTERWEGS

- Freunde oder Verwandte besuchen ☐
- Familienausflüge (z. B. zum See) ☐
- Geburtstagsfeiern oder andere Feste ☐
- Hochzeiten/Taufen/Beerdigungen ☐
- Urlaub ☐
- Essen gehen ☐
- Arztbesuche ☐
- lange Autofahrten ☐
- mit öffentlichen Verkehrsmitteln reisen ☐
- im Supermarkt einkaufen ☐
- Stadtbummel ☐
- zur Bank gehen ☐
- wenn Kinder allein in der Schule/einer Gruppe/ bei einer Veranstaltung bleiben sollen ☐
- .... ☐
- .... ☐
- .... ☐

Sitzung 4

Aktivitätenpläne

Vorausplanen kann für Risikosituationen sehr hilfreich sein, weil es viele Probleme vermeiden kann. Die Strategie Aktivitätenpläne stellt eine Problemlösung im voraus dar, die das Auftreten von Problemverhalten Ihres Kindes vermeiden helfen kann. Die Hauptidee dieser Strategie besteht darin, anregende und interessante Beschäftigungen für Ihr Kind in Situationen zu planen, in denen es sich sonst möglicherweise langweilt und deshalb z. B. quengelt oder „etwas anstellt". Wenn Sie sich zudem vorher überlegen, welches Verhalten Sie in diesen Situationen von Ihrem Kind erwarten, können ebenfalls mögliche Probleme vermieden werden.

Zuerst sollten Sie einen Aktivitätenplan in einer weniger schwierigen Situation „proben". Denken Sie darüber nach, wann Sie eine solche Übung machen könnten, wo diese stattfinden und wer dabei sein sollte. Setzen Sie sich zuerst einfache Ziele und arbeiten Sie sich dann an immer schwierigere Situationen heran (z. B. „Einkaufen": zuerst in einem kleinen Supermarkt, wenn es nicht zu voll ist und Sie nicht unter Zeitdruck stehen und etwas ganz Bestimmtes unbedingt erledigen müssen; oder „Besuche": zuerst ein zehnminütiger Besuch bei Freunden, dann längere). Die folgenden Schritte stellen die Grundlage von Aktivitätenplänen für Risikosituationen dar.

Bereiten Sie sich vor

Überlegen Sie sich vorher genau, was Sie alles für die Risikosituation vorbereiten können und halten Sie bereit, was Sie für die Situation benötigen werden (z. B. Beschäftigungsmaterial, evtl. eine Punktekarte, Sticker und mögliche kleine Belohnungen, ggf. am Tag vorher Taschen packen und Essen vorbereiten, damit Sie nicht kurz vorher in Hektik geraten). Planen Sie die Zeit so, dass die tägliche Routine Ihres Kindes (z.B. Mahlzeiten und Schlafenszeiten) möglichst wenig gestört wird.

Sprechen Sie über Regeln

Bereiten Sie auch Ihr Kind auf die Situation vor. Erzählen Sie ihm, was Sie machen werden und legen Sie Regeln für angemessenes Verhalten in der Situation fest. Besprechen Sie diese Regeln vorher in Ruhe mit Ihrem Kind (z.B. Regeln für Autofahrten könnten sein: die ganze Zeit angeschnallt bleiben; ruhig sprechen) Fragen Sie Ihr Kind, ob es alles verstanden hat, bitten Sie es, die Regeln zu wiederholen, helfen Sie ihm, wenn nötig, und loben Sie es für seine Mitarbeit bei der Vorbereitung. Erinnern Sie Ihr Kind an die Regeln, kurz bevor Sie in die Situation kommen.

Überlegen Sie sich interessante Beschäftigungen

Beschäftigen Sie Ihr Kind in der Situation. Machen Sie sich eine Liste von spannenden Beschäftigungen, die Sie nutzen können, damit Ihr Kind in der Situation etwas zu tun hat. Ermutigen Sie Ihr Kind, Beschäftigungen selbständig auszusuchen und helfen Sie ihm dabei. Versuchen Sie, vorhandene Möglichkeiten z.B. für beiläufiges Lernen und Gespräche mit Ihrem Kind zu nutzen (stellen Sie Fragen, denken Sie sich kleine Rätsel aus, zählen Sie Dinge, die Sie sehen, spielen Sie Spiele wie „Ich sehe was, was Du nicht siehst“ u.a.).

Belohnen Sie angemessenes Verhalten

Überlegen Sie sich - möglichst gemeinsam mit Ihrem Kind - kleine Belohnungen, die es bekommt, wenn es sich an die Regeln hält. Die Belohnungen sollten einfach und schnell durchführbar sein. Es kann sinnvoll sein, extra Punktekarten für bestimmte Risikosituationen zu erstellen, in denen es immer wieder Probleme gibt. Führen Sie diese genauso ein wie sonst auch. Loben Sie Ihr Kind häufig für angemessenes Verhalten in der Situation und geben Sie ihm die Belohnung, wenn es sich an die Regeln hält (z.B. eine kleine Süßigkeit an der Kasse oder auf dem Weg nach Hause eine Viertelstunde am Spielplatz anhalten).

Setzen Sie Konsequenzen für Problemverhalten ein

Überlegen Sie sich Konsequenzen für den Fall, dass Ihr Kind sich nicht an die Regeln hält, und erklären Sie ihm diese, wenn Sie über die Regeln sprechen. Auch die Konsequenzen sollten einfach und schnell durchführbar sein. (Eine logische Konsequenz beim Einkaufen könnte sein, dass Ihr Kind z.B. vor einem Geschäft warten muss. Stiller Stuhl in einem Geschäft könnte bedeuten, dass Ihr Kind für zwei Minuten ruhig neben Ihnen stehen muss. Auszeit bei eskalierendem Verhalten könnte im Auto stattfinden, während Sie davor warten.)

Führen Sie Nachbesprechungen durch

Wenn eine Risikosituation vorbei ist, lassen Sie noch einmal Revue passieren, wie es geklappt hat. Loben Sie Ihr Kind für das Einhalten der Regeln und beschreiben Sie ggf. eine Regel, die Ihr Kind vergessen hat, zu befolgen. Diskutieren Sie auch alles andere, von dem Sie oder Ihr Kind glauben, es müsse verändert werden und setzen Sie sich ein Ziel für das nächste Mal, wenn dieselbe Risikosituation auftritt (z.B. *„Du hast das wirklich toll gemacht, heute in der Bank, als Du die ganze Zeit in meiner Nähe geblieben bist. Lass uns doch beim nächsten Mal sehen, ob Du es auch schaffst, in der Bank ruhig zu sprechen.“*).

Auf dieser Seite finden Sie ein Beispiel für einen Aktivitätenplan, das zeigt, wie die verschiedenen Schritte für eine bestimmte Situation zusammengehören.

BEISPIEL FÜR EINEN AKTIVITÄTENPLAN

RISIKOSITUATION
- **im Supermarkt Lebensmittel einkaufen**

EINE ÜBUNG PLANEN (WANN, WO, WER SOLLTE DABEI SEIN)
- **Dienstag nach der Mittagspause**
- **ein kurzer Einkauf in einem kleinen Supermarkt, um Brot, Milch und Saft zu besorgen**
- **nur mit Mama und einem Kind**

VORBEREITUNG
- **verhindern, dass Schlaf- oder Essenszeiten durcheinandergebracht werden**
- **Kleinigkeit zum Essen und Trinken einpacken**
- **Einkaufsliste schreiben**

REGELN FESTLEGEN
- **in der Nähe des Einkaufswagens bleiben**
- **nur Sachen anfassen, wenn Mama es sagt**
- **die Gänge entlang gehen**

INTERESSANTE BESCHÄFTIGUNGEN
- **eine eigene Einkaufsliste**
- **in jedem Gang Produkte suchen**
- **Sachen in den Einkaufswagen packen**
- **über Farben, Preise, Formen, Größen reden; Gänge zählen**
- **meine Einkaufsliste, Schlüssel oder Brieftasche halten**

BELOHNUNGEN FÜR ANGEMESSENES VERHALTEN
- **loben**
- **den Einkaufswagen schieben**
- **etwas allein mit mir unternehmen (z. B. einen Ausflug in den Park)**
- **kleine Süßigkeit an der Kasse oder ein Eis vor dem Geschäft**
- **Punkte, die nach dem Einkaufen eingetauscht werden können**

KONSEQUENZEN FÜR PROBLEMVERHALTEN
- **klare, direkte Anweisung, mit dem Problemverhalten aufzuhören**
- **Stiller Stuhl im Gang, an der Kasse, auf dem Parkplatz**
- **keine Belohnung**

ZIELE FÜR NÄCHSTES MAL (AUS DER NACHBESPRECHUNG)
- **in der Nähe des Einkaufswagens bleiben**

ÜBUNG 3 *Aktivitätenpläne entwickeln*

Nun haben Sie die Möglichkeit, einen eigenen Aktivitätenplan zu entwerfen. Arbeiten Sie in Kleingruppen gemeinsam an einer Risikosituation und entwickeln Sie „kreative“ Ideen für jeden der sechs Schritte.

EINE ÜBUNG PLANEN

WANN: ....

WO: ....

WER: ....

VORBEREITUNG

....

....

....

....

REGELN FESTLEGEN

....

....

....

....

INTERESSANTE BESCHÄFTIGUNGEN

....

....

....

....

BELOHNUNGEN FÜR ANGEMESSENES VERHALTEN

....

....

....

....

KONSEQUENZEN FÜR PROBLEMVERHALTEN

....

....

....

....

ZIELE FÜR NÄCHSTES MAL (AUS DER NACHBESPRECHUNG)

....

....

Vorbereitung der Telefonkontakte

Der nächste Teil des Programms besteht aus individuellen Telefonkontakten mit Ihrem/Ihrer Trainer/in. Das Ziel ist, Ihnen im Umgang mit verbleibenden Themen oder Sorgen über das Verhalten Ihres Kindes zu helfen. Dafür stehen wir Ihnen vier Wochen lang je einmal für zwanzig Minuten zur Verfügung. Dabei sind Sie dafür verantwortlich, rechtzeitig vorher einen anderen Termin zu vereinbaren, falls Sie zu der festgesetzten Zeit nicht können. Die Telefonsitzungen werden nach vier Wochen beendet. Es liegt also an Ihnen, wieviele Termine Sie in dieser Zeit wahrnehmen.

ÜBUNG 4 ***Einen Zeitpunkt wählen***

Notieren Sie sich die Zeit für Ihren persönlichen Telefonkontakt.

Name des/der Trainers/in: ....

Telefonnummer: ....

Termine:

1. .... 2. ....

3. .... 4. ....

SCHLUSSFOLGERUNG

Zusammenfassung der Sitzung

In der heutigen Sitzung wurden Ihnen „Überlebenstipps für Familien" vorgestellt, die Ihnen helfen können, die Aufgabe der Erziehung zu vereinfachen. Außerdem wurden die sechs Schritte der Aktivitätenpläne für Risikosituationen besprochen:

- sich vorbereiten
- Regeln festlegen
- sich interessante Beschäftigungen überlegen
- angemessenes Verhalten belohnen
- Konsequenzen für Problemverhalten einsetzen
- eine Nachbesprechung halten

■ **HAUSAUFGABEN**

- Wählen Sie sich zwei Ihrer eigenen Risikosituationen aus und entwickeln Sie für jede einen Aktivitätenplan. Versuchen Sie, beide Aktivitätenpläne in der nächsten Woche mindestens einmal auszuprobieren, und benutzen Sie die Checklisten (Arbeitsblätter für Aktivitätenpläne und Checklisten finden Sie auf den Seiten 69-72), um Ihren Erfolg systematisch zu beobachten.

Risikosituation 1: ....

....

....

....

....

....

....

Risikosituation 2: ....

....

....

....

....

....

....

Sitzung 4

Inhalt der Telefonkontakte

Die nächste Sitzung ist der erste der vier Telefonkontakte. In jeder der Telefonsitzungen wird Ihre Hausaufgabe besprochen und außerdem jedes andere Thema, das Sie wichtig finden. Bitte planen Sie diese Sitzungen im voraus ein und überlegen Sie sich vorher mögliche Themen (siehe Vorbereitungsblätter für Telefonkontakte).

■ HAUSAUFGABEN

AKTIVITÄTENPLAN

Risikosituation:

....

Eine Übung planen

WANN:...

WO:...

WER:...

Ziele (aus der Nachbesprechung)

....

....

....

Vorbereitung

....

....

....

Regeln festlegen

....

....

....

Interessante Beschäftigungen

....

....

....

Belohnungen für angemessenes Verhalten

....

....

....

Konsequenzen für Problemverhalten

....

....

....

■ HAUSAUFGABEN

AKTIVITÄTENPLAN

Risikosituation:

....

Eine Übung planen

WANN:...

WO:..

WER:..

Ziele (aus der Nachbesprechung)

....

....

....

Vorbereitung

....

....

....

Regeln festlegen

....

....

....

Interessante Beschäftigungen

....

....

....

Belohnungen für angemessenes Verhalten

....

....

....

Konsequenzen für Problemverhalten

....

....

....

■ HAUSAUFGABEN

CHECKLISTE FÜR AKTIVITÄTENPLÄNE

Situation: ______________________________

Anweisung: Wann immer diese Situation auftritt, halten Sie ein J (Ja), N (Nein) oder NA (nicht anwendbar) für jeden der Schritte fest.

	TAG				
SCHRITTE	SCHRITTE AUSGEFÜHRT?				
1					
2					
3					
4					
5					
6					
Anzahl der ausgeführten Schritte:					

4 Sitzung

■ HAUSAUFGABEN

CHECKLISTE FÜR AKTIVITÄTENPLÄNE

Situation: ____

Anweisung: Wann immer diese Situation auftritt, halten Sie ein J (Ja), N (Nein) oder NA (nicht anwendbar) für jeden der Schritte fest.

	TAG				
SCHRITTE	SCHRITTE AUSGEFÜHRT?				
1					
2					
3					
4					
5					
6					
Anzahl der ausgeführten Schritte:					

Einsatz von Erziehungsroutinen 1

Sitzung 5

ÜBERBLICK

Dies ist die erste der vier Telefonsitzungen. Diese Sitzungen sollen Ihnen bei der weiteren Umsetzung der Strategien helfen, die in den Gruppensitzungen eingeführt wurden. Außerdem wird es darum gehen, ob Ihre Aktivitätenpläne erfolgreich sind. Am Ende jeder Sitzung besteht die Möglichkeit, auch andere aktuelle Themen und Sorgen zu besprechen.

ZIELE

Am Ende der fünften Sitzung sollten Sie in der Lage sein:

- den Ablauf für die weiteren Telefonsitzungen klar und spezifisch festzulegen.
- sich selbst Ziele zu setzen und Hausaufgaben festzulegen.
- Aktivitätenpläne für Risikosituationen aufzustellen, durchzuführen und zu verfolgen, ob sie funktionieren.
- sich weitere Informationen zu möglichen Erziehungsfragen geben zu lassen.
- sich, wenn nötig, Unterstützung von der Familie, von Freunden oder anderen Gruppenteilnehmern zu holen.

Vorbereitung auf die Sitzung

ÜBUNG 1 ***Ablauf der Telefonsitzung***

Überlegen Sie sich Themen, die Sie in der Telefonsitzung besprechen möchten, und schreiben Sie sich einige Punkte auf.

....

....

....

....

Stand der Dinge

ÜBUNG 2 ***Rückblick über den Einsatz der Erziehungsstrategien***

Was haben Sie ausprobiert? Welche Strategien haben Sie eingesetzt?

....

....

....

....

Was hat gut geklappt?
Bitte überlegen Sie sich ganz konkret mindestens zwei positive Punkte.

....

....

....

....

....

....

....

....

....

....

....

....

Gibt es irgendetwas, das Sie hätten anders machen können?

Andere Themen

Sie können sich hier weitere Themen notieren, die Sie in der Telefonsitzung besprechen möchten.

Sitzung 5

Zusammenfassung der Sitzung

Schreiben Sie die wichtigsten Punkte auf, die in der heutigen Sitzung besprochen wurden und die Sie weiter verfolgen sollten.

....

....

....

....

....

■ HAUSAUFGABEN

Schreiben Sie sich Ihre Hausaufgaben für die kommende Woche auf.

....

....

....

....

....

Inhalt der nächsten Sitzung

Denken Sie vor der nächsten Telefonsitzung darüber nach, welche Hauptthemen Sie besprechen wollen, und schreiben Sie diese in den Kasten für die „Übung 1“ in Sitzung 6.

Einsatz von Erziehungsroutinen 2

Sitzung 6

ÜBERBLICK

Der Inhalt dieser Telefonsitzung soll von Ihnen selbst bestimmt werden. Bereiten Sie sich auf die Sitzung vor, und überlegen Sie sich, welche Punkte Sie besprechen möchten.

ZIELE

Am Ende der sechsten Sitzung sollten Sie in der Lage sein:

- den Ablauf für die weiteren Telefonsitzungen klar und spezifisch festzulegen.
- sich selbst Ziele zu setzen und Hausaufgaben festzulegen.
- Aktivitätenpläne für Risikosituationen aufzustellen, durchzuführen und zu verfolgen, ob sie funktionieren.
- sich weitere Informationen zu möglichen Erziehungsfragen geben zu lassen.
- sich, wenn nötig, Unterstützung von der Familie, von Freunden oder anderen Gruppenteilnehmern zu holen.
- Erziehungsprobleme mit möglichst wenig Hilfestellung von Ihrem Trainer zu lösen.

Vorbereitung auf die Sitzung

ÜBUNG 1 ***Ablauf der Telefonsitzung***

Überlegen Sie sich Themen, die Sie in der Telefonsitzung besprechen möchten, und schreiben Sie sich einige Punkte auf.

....

....

....

....

....

Stand der Dinge

ÜBUNG 2 ***Rückblick über den Einsatz der Erziehungsstrategien***

Was haben Sie ausprobiert? Welche Strategien haben Sie eingesetzt?

....

....

....

....

Was hat gut geklappt?
Bitte überlegen Sie sich ganz konkret mindestens zwei positive Punkte.

....

....

....

....

....

....

....

....

....

....

....

....

Gibt es irgendetwas, das Sie hätten anders machen können?

....

....

....

....

....

....

....

....

Andere Themen

Sie können sich hier weitere Themen notieren, die Sie in der Telefonsitzung besprechen möchten.

....

....

....

....

....

....

....

....

....

....

....

....

....

....

....

....

....

....

....

....

....

....

Zusammenfassung der Sitzung

Schreiben Sie die wichtigsten Punkte auf, die in der heutigen Sitzung besprochen wurden und die Sie weiter verfolgen sollten.

....

....

....

....

....

■ HAUSAUFGABEN

Schreiben Sie sich Ihre Hausaufgaben für die kommende Woche auf.

....

....

....

....

....

Inhalt der nächsten Sitzung

Denken Sie vor der nächsten Telefonsitzung darüber nach, welche Hauptthemen Sie besprechen wollen, und schreiben Sie diese in den Kasten für die „Übung 1“ in Sitzung 7.

Einsatz von Erziehungsroutinen 3

Sitzung 7

ÜBERBLICK

Der Inhalt dieser Telefonsitzung soll von Ihnen selbst bestimmt werden. Bereiten Sie sich auf die Sitzung vor, und überlegen Sie sich, welche Punkte Sie besprechen möchten.

ZIELE

Am Ende der siebten Sitzung sollten Sie in der Lage sein:

- den Ablauf für die weiteren Telefonsitzungen klar und spezifisch festzulegen.
- sich selbst Ziele zu setzen und Hausaufgaben festzulegen.
- Aktivitätenpläne für Risikosituationen aufzustellen, durchzuführen und zu verfolgen, ob sie funktionieren.
- sich weitere Informationen zu möglichen Erziehungsfragen geben zu lassen.
- sich, wenn nötig, Unterstützung von der Familie, von Freunden oder anderen Gruppenteilnehmern zu holen.
- Erziehungsprobleme mit möglichst wenig Hilfestellung von Ihrem Trainer zu lösen.

Vorbereitung auf die Sitzung

ÜBUNG 1 ***Ablauf der Telefonsitzung***

Überlegen Sie sich Themen, die Sie in der Telefonsitzung besprechen möchten, und schreiben Sie sich einige Punkte auf.

....

....

....

....

....

Stand der Dinge

ÜBUNG 2 ***Rückblick über den Einsatz der Erziehungsstrategien***

Was haben Sie ausprobiert? Welche Strategien haben Sie eingesetzt?

....

....

....

....

Was hat gut geklappt?
Bitte überlegen Sie sich ganz konkret mindestens zwei positive Punkte.

....

....

....

....

....

....

....

....

....

....

....

....

Gibt es irgendetwas, das Sie hätten anders machen können?

....

....

....

....

....

....

....

....

Andere Themen

Sie können sich hier weitere Themen notieren, die Sie in der Telefonsitzung besprechen möchten.

....

....

....

....

....

....

....

....

....

....

....

....

....

....

....

....

....

....

....

....

....

....

Zusammenfassung der Sitzung

Schreiben Sie die wichtigsten Punkte auf, die in der heutigen Sitzung besprochen wurden und die Sie weiter verfolgen sollten.

....

....

....

....

....

■ **HAUSAUFGABEN**

Schreiben Sie sich Ihre Hausaufgaben für die kommende Woche auf.

....

....

....

....

....

Inhalt der nächsten Sitzung

Denken Sie vor der nächsten Telefonsitzung darüber nach, welche Hauptthemen Sie besprechen wollen, und schreiben Sie diese in den Kasten für die „Übung 1" in Sitzung 8.

Abschlusssitzung

Sitzung 8

ÜBERBLICK

Dies ist die letzte Sitzung des Triple P-Gruppenprogramms. Auch diesmal soll der Inhalt der Telefonsitzung hauptsächlich von Ihnen selbst bestimmt werden. Bereiten Sie sich auf die Sitzung vor, und überlegen Sie sich, welche Punkte Sie besprechen möchten. Außerdem soll es um Fortschritte gehen, die Sie im Verlauf des Programms gemacht haben, und darum, wie Sie positive Veränderungen aufrechterhalten können.

ZIELE

Am Ende der achten Sitzung sollten Sie in der Lage sein:

- Aktivitätenpläne für Risikosituationen aufzustellen, durchzuführen und zu verfolgen, ob sie funktionieren.
- sich weitere Informationen zu möglichen Erziehungsfragen geben zu lassen.
- sich, wenn nötig, Unterstützung von der Familie, von Freunden oder anderen Gruppenteilnehmern zu holen.
- Erziehungsprobleme mit möglichst wenig Hilfestellung von Ihrem Trainer zu lösen.
- positive Veränderungen im Vergleich zum Beginn der Triple P-Gruppe im Verhalten Ihres Kindes und bei sich selbst zu erkennen.
- Veränderungen, die Sie bis jetzt erreicht haben, aufrechtzuerhalten.
- sich selbst weitere Ziele zu setzen für Veränderungen Ihres eigenen Verhaltens und dem Ihres Kindes und herauszufinden, wie Sie diese erreichen können.

Vorbereitung auf die Sitzung

ÜBUNG 1 ***Ablauf der Telefonsitzung***

Überlegen Sie sich Themen, die Sie in der Telefonsitzung besprechen möchten, und schreiben Sie sich einige Punkte auf.

....

....

....

....

....

Stand der Dinge

ÜBUNG 2 ***Rückblick über den Einsatz der Erziehungsstrategien***

Was haben Sie ausprobiert? Welche Strategien haben Sie eingesetzt?

....

....

....

....

Was hat gut geklappt?
Bitte überlegen Sie sich ganz konkret mindestens zwei positive Punkte.

....

....

....

....

....

....

....

....

....

....

....

Gibt es irgendetwas, das Sie hätten anders machen können?

....

....

....

....

....

....

....

....

ÜBUNG 3 *Erfolge durch Triple P*

Welche positiven Veränderungen im Verhalten Ihres Kindes haben Sie seit Beginn des Programms bemerkt? Sie können sich dabei auf die Ziele beziehen, die Sie in der ersten Sitzung in Übung 7 festgelegt haben.

....

....

....

....

....

....

Welche weiteren Veränderungen wünschen Sie sich beim Verhalten Ihres Kindes und bei Ihrem eigenen?

....

....

....

....

....

....

Wie könnten Sie diese neuen Ziele erreichen?

....

....

....

....

....

....

Veränderungen aufrechterhalten

Es gibt vier wichtige Schritte, die für die Aufrechterhaltung von Veränderungen und für die Vermeidung von erneuten Schwierigkeiten oder Rückfällen von Bedeutung sind:

Planen Sie für Risikozeiten im voraus

Ein guter Weg zur Vermeidung von Problemen besteht darin, Situationen und Zeiten, die möglicherweise schwierig werden könnten, vorauszuplanen, bevor der Ärger damit beginnt. Genauso wie Sie sich auf Risikosituationen vorbereiten, die immer wieder entstehen, können Sie zukünftige Zeiten planen, in denen Probleme auftreten können. Dieser Prozess kann nun beginnen. Denken Sie an Risikozeiten, die wahrscheinlich in den nächsten sechs Monaten auftreten werden. Manchmal kann das Vorausplanen Probleme während solcher Zeiten verhindern oder minimieren. Risikozeiten könnten z. B. sein:

- Veränderungen der Familienstruktur (Geburt eines Kindes, Trennung, neue Beziehung)
- Veränderungen der finanziellen familiären Situation
- Veränderungen der beruflichen Situation der Eltern
- Zeiten, in denen Eltern deprimiert oder bedrückt sind
- Zeiten familiärer Konflikte
- Umzüge
- Hausbau oder Renovierungen
- Schulwechsel
- Tod oder Krankheit in der Familie
- Gesetzliche oder juristische Probleme

Beobachten Sie Erfolge in Ihrer Familie

Wenn Sie Erfolge, die Sie und Ihre Familie erzielt haben, systematisch beobachten, werden Sie neue Probleme eher entdecken können. Sie werden auch in der Lage sein, auf Schwierigkeiten angemessen zu reagieren, um Rückfälle zu verhindern. Schauen Sie sich den Stand der Dinge zu Beginn alle zwei Wochen einmal ganz bewusst an, danach nur noch einmal im Monat.

Handeln Sie schnell, wenn Probleme auftreten

Es ist wichtig, schnell etwas zu unternehmen, wenn die Dinge sich zu verschlechtern beginnen. Sie sollten dann sofort wieder spezifische Erziehungsstrategien einsetzen (z. B. Punkte-Karten oder die Kooperationsroutine). Es kann hilfreich sein, Ihre Unterlagen noch einmal durchzusehen und nach geeigneten Strategien oder neuen Ideen zu suchen.

Probieren Sie neue Strategien aus

Wenn Strategien, die Sie bereits einsetzen, nicht mehr wirken, versuchen Sie etwas Neues. Tun Sie das, wovon Sie bereits wissen, dass es sinnvoll ist - geben Sie Ihrem Kind viel Beachtung und Ermutigung, wenn es sich angemessen verhält, und entziehen Sie ihm Aufmerksamkeit, wenn es Problemverhalten zeigt. Versuchen Sie, bekannte Strategien auf neue Situationen zu übertragen. Probieren Sie diese neuen Dinge etwa 10 bis 14 Tage lang aus, beobachten Sie systematisch, wie erfolgreich sie sind und verändern Sie etwas, wenn nötig.

Andere Themen

Sie können sich hier weitere Themen notieren, die Sie in der Telefonsitzung besprechen möchten.

....

....

....

....

....

....

....

....

....

....

....

....

....

....

....

....

....

....

....

....

....

....

....

Zusammenfassung der Sitzung

Schreiben Sie die wichtigsten Punkte auf, die in der heutigen Sitzung besprochen wurden und die Sie weiter verfolgen sollten.

....

....

....

....

....

....

■ HAUSAUFGABEN

Schreiben Sie sich Ihre Ziele für die kommende Woche auf.

....

....

....

....

....

....

Herzlichen Glückwunsch

Sie haben das Triple P-Gruppenprogramm jetzt beendet. Wir möchten uns dafür bedanken, dass Sie die ganze Zeit motiviert und interessiert geblieben sind, und hoffen, dass Sie mit den Strategien der positiven Erziehung viel anfangen konnten und dass Sie diese weiterhin benutzen. Wenn Ihr Kind älter wird und sich weiterentwickelt, werden vermutlich immer wieder neue Situationen und andere Probleme auf Sie zukommen. Denken Sie an das Programm und dieses Arbeitsbuch zurück, um Strategien zu wiederholen oder sich Ideen für den Umgang mit neuen Verhaltensproblemen zu suchen. Vielen Dank für Ihre Teilnahme an der Triple P-Gruppe. Wir hoffen, dass es sich für Sie gelohnt hat und eine wertvolle Erfahrung gewesen ist.

Arbeitsblätter

Die Arbeitsblätter können Sie mehrfach verwenden, indem Sie sich Kopien davon machen. Sie sollten daher die Originale aufbewahren, für den Fall, dass Sie weitere Exemplare benötigen.

Schreiben Sie das Problemverhalten auf, wann und wo es aufgetreten und was davor und danach geschehen ist.

Problemverhalten: ____________________ Tag: ____________

Problem	Wann und wo trat das Problem auf?	Was passierte vorher?	Was passierte nachher?	Bemerkungen

Beobachten Sie das Auftreten des Verhaltens zwei Wochen lang jeden Tag. Schreiben Sie das Datum des jeweiligen Tages in die erste Spalte und machen Sie jedes Mal ein Kreuz in die folgenden Kästchen, wenn das Verhalten an dem Tag auftritt. Zählen Sie für jeden Tag einzeln in der letzten Spalte alle Kreuze zusammen.

Problemverhalten: ______________________ Zeitraum: ______________________

Tag	1	2	3	4	5	6	7	8	9	10	11	12	13	14	15	Summe

Markieren Sie die Häufigkeit, mit der das Problemverhalten an den einzelnen Tagen aufgetreten ist, in dem Sie ein Kreuz in die entsprechende Spalte des jeweiligen Tages machen. Verbinden Sie dann die Kreuze miteinander.

Problemverhalten: ____________________ Monat: ________

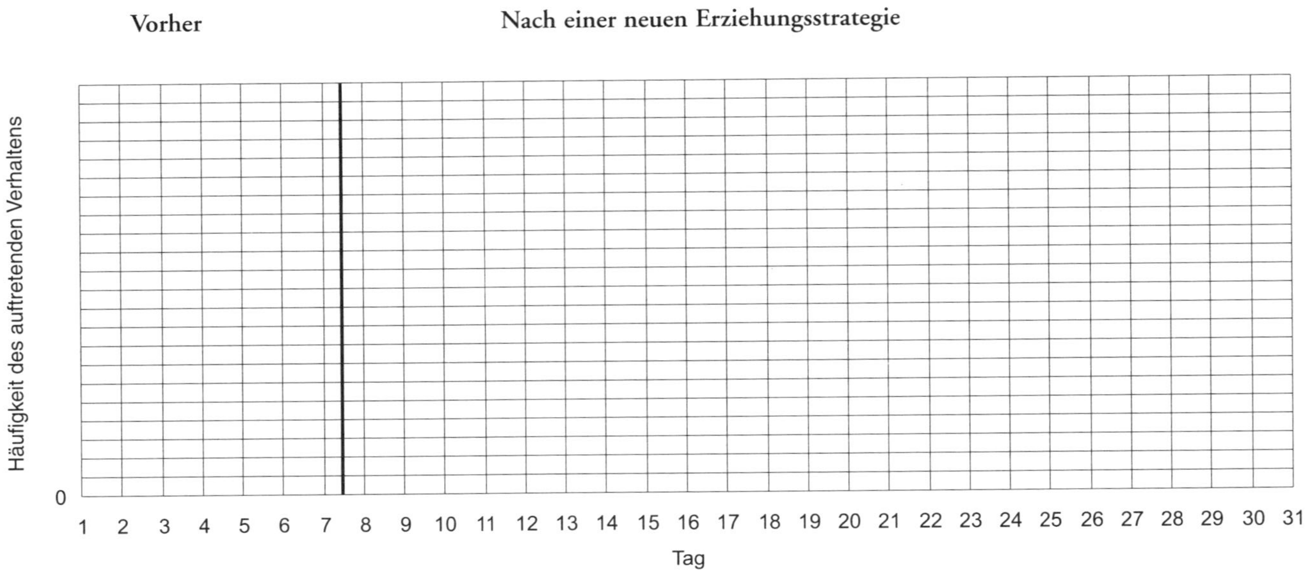

Wählen Sie zwei der Strategien aus, die in der zweiten Sitzung besprochen wurden und die Sie in der nächsten Woche zu Hause ausprobieren wollen. Machen Sie es so konkret wie möglich (ein Ziel könnte zum Beispiel sein, mindestens fünfmal am Tag Ihr Kind beschreibend zu loben). Benutzen Sie die Tabelle, um festzuhalten, ob Sie Ihre Ziele jeden Tag erreicht haben. Schreiben Sie auf, was gut läuft und ob es Probleme gibt.

1. ZIEL:

....

....

2. ZIEL:

....

....

Tag	1. Ziel: Ja/Nein	2. Ziel: Ja/Nein	Bemerkungen
1			
2			
3			
4			
5			
6			
7			

Notieren Sie den Tag, das Problemverhalten, wann und wo es aufgetreten ist und die Dauer der Auszeit.

Festgesetzte Zeit für die Auszeit: 2 min. ☐ 3 min. ☐ 4 min. ☐ 5 min. ☐

TAG	PROBLEMVERHALTEN	WANN UND WO TRAT ES AUF	DAUER DER AUSZEIT

EINE ÜBUNG PLANEN

WANN: ....

WO: ....

WER: ....

VORBEREITUNG

....

....

....

....

REGELN FESTLEGEN

....

....

....

....

INTERESSANTE BESCHÄFTIGUNGEN

....

....

....

....

BELOHNUNGEN FÜR ANGEMESSENES VERHALTEN

....

....

....

....

KONSEQUENZEN FÜR PROBLEMVERHALTEN

....

....

....

....

ZIELE FÜR NÄCHSTES MAL (AUS DER NACHBESPRECHUNG)

....

....

CHECKLISTE FÜR AKTIVITÄTENPLÄNE

Situation: ______________________________

Anweisung: Wann immer diese Situation auftritt, halten Sie ein J (Ja), N (Nein) oder NA (nicht anwendbar) für jeden der Schritte fest.

	TAG				
SCHRITTE	**SCHRITTE AUSGEFÜHRT?**				
1					
2					
3					
4					
5					
6					
Anzahl der korrekt ausgeführten Schritte:					

Triple P - Fragebogen für Eltern (vorher)

Name oder Kennwort: ______________________________

Datum: ______________________________

Name des/der Kursleiters/in: ______________________________

Alter des Kindes: ______________________________

Geschlecht des Kindes: ______________________________

Hinweise zum Ausfüllen des Fragebogens: Alle Fragen beziehen sich auf ein Kind. Wenn Sie mehrere Kinder haben, sollten Sie das Kind wählen, an das Sie in letzter Zeit am häufigsten gedacht haben bzw. über das Sie sich am meisten Sorgen machen.

Eybergs Inventar zu kindlichem Verhalten (ECBI)

Es folgt eine Liste von Eigenschaften und Verhaltensweisen, die bei Kindern auftreten.

Geben Sie für jede Eigenschaft an, wie oft sie bei Ihrem Kind zur Zeit zu beobachten ist. Bitte denken Sie daran, für jede Verhaltensweise auch anzugeben, ob sie im Moment ein Problem für Sie darstellt.

	Wie häufig tritt die Verhaltensweise auf?							Stellt sie ein Problem für Sie dar?	
	nie		selten	manchmal		oft	immer		
1 *Trödelt beim Anziehen…*	①	②	③	④	⑤	⑥	⑦	❍ JA	❍ NEIN
2 *Trödelt bei den Mahlzeiten…*	①	②	③	④	⑤	⑥	⑦	❍ JA	❍ NEIN
3 *Zeigt „schlechte Tischmanieren“…*	①	②	③	④	⑤	⑥	⑦	❍ JA	❍ NEIN
4 *Verweigert das Essen…*	①	②	③	④	⑤	⑥	⑦	❍ JA	❍ NEIN
5 *Weigert sich, Aufgaben im Haushalt zu erledigen, wenn er/sie darum gebeten wird…*	①	②	③	④	⑤	⑥	⑦	❍ JA	❍ NEIN
6 *Trödelt beim Fertigmachen zum Schlafengehen…*	①	②	③	④	⑤	⑥	⑦	❍ JA	❍ NEIN
7 *Weigert sich, rechtzeitig zu Bett zu gehen…*	①	②	③	④	⑤	⑥	⑦	❍ JA	❍ NEIN
8 *Hält sich nicht an Absprachen und Familienregeln…*	①	②	③	④	⑤	⑥	⑦	❍ JA	❍ NEIN
9 *Gehorcht erst bei Strafandrohung…*	①	②	③	④	⑤	⑥	⑦	❍ JA	❍ NEIN
10 *Verhält sich trotzig, wenn er/sie etwas tun soll…*	①	②	③	④	⑤	⑥	⑦	❍ JA	❍ NEIN
11 *Streitet mit den Eltern über Regeln…*	①	②	③	④	⑤	⑥	⑦	❍ JA	❍ NEIN
12 *Wird wütend, wenn es nicht nach seinem/ihrem Willen geht…*	①	②	③	④	⑤	⑥	⑦	❍ JA	❍ NEIN
13 *Hat Wutanfälle…*	①	②	③	④	⑤	⑥	⑦	❍ JA	❍ NEIN
14 *Widerspricht Erwachsenen…*	①	②	③	④	⑤	⑥	⑦	❍ JA	❍ NEIN
15 *Quengelt oder jammert…*	①	②	③	④	⑤	⑥	⑦	❍ JA	❍ NEIN
16 *Weint leicht…*	①	②	③	④	⑤	⑥	⑦	❍ JA	❍ NEIN
17 *Schreit viel…*	①	②	③	④	⑤	⑥	⑦	❍ JA	❍ NEIN
18 *Schlägt die Eltern…*	①	②	③	④	⑤	⑥	⑦	❍ JA	❍ NEIN
19 *Zerstört Spielzeug und andere Dinge…*	①	②	③	④	⑤	⑥	⑦	❍ JA	❍ NEIN

	Wie häufig tritt die Verhaltensweise auf? nie		selten	manchmal		oft	immer	Stellt sie ein Problem für Sie dar?
20 *Geht sorglos mit Spielzeug und anderen Dingen um…*	①	②	③	④	⑤	⑥	⑦	❍ JA ❍ NEIN
21 *Stiehlt…*	①	②	③	④	⑤	⑥	⑦	❍ JA ❍ NEIN
22 *Lügt…*	①	②	③	④	⑤	⑥	⑦	❍ JA ❍ NEIN
23 *Verhält sich anderen Kindern gegenüber hinterhältig (oder provoziert)…*	①	②	③	④	⑤	⑥	⑦	❍ JA ❍ NEIN
24 *Zankt mit Gleichaltrigen…*	①	②	③	④	⑤	⑥	⑦	❍ JA ❍ NEIN
25 *Zankt mit Geschwistern…*	①	②	③	④	⑤	⑥	⑦	❍ JA ❍ NEIN
26 *Hat körperliche Auseinandersetzungen mit Gleichaltrigen…*	①	②	③	④	⑤	⑥	⑦	❍ JA ❍ NEIN
27 *Hat körperliche Auseinandersetzungen mit Geschwistern…*	①	②	③	④	⑤	⑥	⑦	❍ JA ❍ NEIN
28 *Fordert ständig Beachtung…*	①	②	③	④	⑤	⑥	⑦	❍ JA ❍ NEIN
29 *Unterbricht und stört andere…*	①	②	③	④	⑤	⑥	⑦	❍ JA ❍ NEIN
30 *Ist unaufmerksam und leicht ablenkbar…*	①	②	③	④	⑤	⑥	⑦	❍ JA ❍ NEIN
31 *Kann sich nicht lange konzentrieren…*	①	②	③	④	⑤	⑥	⑦	❍ JA ❍ NEIN
32 *Bringt angefangene Dinge/ Aufgaben nicht zu Ende…*	①	②	③	④	⑤	⑥	⑦	❍ JA ❍ NEIN
33 *Hat Schwierigkeiten, sich selbst zu beschäftigen…*	①	②	③	④	⑤	⑥	⑦	❍ JA ❍ NEIN
34 *Hat Schwierigkeiten, sich auf eine Sache zu konzentrieren…*	①	②	③	④	⑤	⑥	⑦	❍ JA ❍ NEIN
35 *Ist überaktiv oder ruhelos…*	①	②	③	④	⑤	⑥	⑦	❍ JA ❍ NEIN
36 *Nässt nachts ein…*	①	②	③	④	⑤	⑥	⑦	❍ JA ❍ NEIN

Erziehungsfragebogen (EFB-K) (Parenting Scale)

Von Zeit zu Zeit verhalten sich alle Kinder ungezogen oder unangemessen. Sie tun Dinge, die ihnen selbst oder anderen schaden oder die ihre Eltern nicht mögen. Eltern haben unterschiedliche Auffassungen darüber, was unter ungezogenem oder unangemessenem Verhalten zu verstehen ist. Das heißt, Sie als Eltern entscheiden selbst, welche Verhaltensweisen Ihres Kindes für Sie ein Problem sind. Beispiele für solche Verhaltensweisen könnten sein:

- andere schlagen oder anschreien
- auf die Straße laufen/weglaufen
- Essen oder andere Dinge herumwerfen
- Jammern oder Quengeln
- sich weigern, aufzuräumen
- sich weigern, ins Bett zu gehen
- Lügen
- immer Beachtung durch Erwachsene verlangen

Eltern gehen auf unterschiedliche Art und Weise mit diesen Problemen um. Nachfolgend sind Aussagen aufgeführt, die einige Arten von Erziehungsverhalten beschreiben. Auf jeweils der rechten und der linken Seite stehen zwei Möglichkeiten, wie sich Eltern in der beschriebenen Situation verhalten können. Die Zahlen bedeuten:

Beispiel:

Bei den Mahlzeiten...

lasse ich mein Kind selbst entscheiden, wieviel es essen möchte	③ ⓧ ① ⓪ ① ② ③	entscheide ich darüber, wieviel mein Kind isst

Die angekreuzte Zahl ② würde bedeuten, dass Sie Ihr Kind eher selbst entscheiden lassen, wieviel es essen möchte.

Bitte kreuzen Sie jeweils die Zahl an, die Ihr eigenes Verhalten **in den letzten zwei Monaten** am besten beschreibt. Wenn Sie in der beschriebenen Situation eher so reagieren wie auf der rechten (linken) Seite angegeben, kreuzen Sie je nach Ausprägung die ③, ② oder ① auf der rechten (linken) Seite an. Die ⓪ bedeutet, dass beide Aussagen gleich häufig zutreffen.

1. Wenn mich mein Kind nervt und mir keine Ruhe lässt...

kann ich das gut ignorieren	③ ② ① ⓪ ① ② ③	kann ich das nicht ignorieren

2. Ich drohe mit Dingen...

bei denen ich mir sicher bin, dass ich sie verwirklichen kann	③ ② ① ⓪ ① ② ③	von denen ich weiß, dass ich sie nicht tun werde

3. Ich bin eine Mutter/ein Vater...

die/der Grenzen setzt und meinem Kind sagt, was erlaubt ist und was nicht	③ ② ① ⓪ ① ② ③	die/der mein Kind das tun lässt, was es will

4. Wenn mein Kind ungezogen ist oder sich unangemessen verhält...

hebe ich meine Stimme oder schreie mein Kind an	③ ② ① ⓪ ① ② ③	spreche ich ruhig mit meinem Kind

5. Wenn mein Kind nicht in meiner Nähe ist...

weiß ich oft nicht, was es gerade tut	③ ② ① ⓪ ① ② ③	weiß ich meistens in etwa, was es gerade tut

6. Wenn mein Kind etwas tut, was ich nicht mag...

unternehme ich jedesmal etwas dagegen	③ ② ① ⓪ ① ② ③	lasse ich es oft einfach durchgehen

7. Wenn es ein Problem mit meinem Kind gibt...

entgleitet mir die Situation häufig, und ich tue Dinge, die ich gar nicht tun wollte	③ ② ① ⓪ ① ② ③	habe ich mich unter Kontrolle

8. Wenn ich eine angemessene Drohung oder Warnung ausspreche...

setze ich sie oft nicht in die Tat um	③ ② ① ⓪ ① ② ③	setze ich sie auch in die Tat um

9. Wenn mein Kind ungezogen ist oder sich unangemessen verhält...

gehe ich damit um, ohne mich aus der Fassung bringen zu lassen	③ ② ① ⓪ ① ② ③	bin ich so verärgert und frustriert, dass mein Kind merkt, dass es mich aus der Fassung gebracht hat

10. Wenn mein Kind ungezogen ist oder sich unangemessen verhält...

fluche ich selten und gebrauche selten Schimpfwörter	③ ② ① ⓪ ① ② ③	fluche ich oft und gebrauche oft Schimpfwörter

11. Wenn ich meinem Kind etwas verboten habe...

lasse ich es mein Kind dann häufig trotzdem tun	③ ② ① ⓪ ① ② ③	halte ich mich an das, was ich gesagt habe

12. Wenn mein Kind etwas tut, das ich nicht möchte...

sage ich nie oder selten gemeine und verletzende Sachen oder Beschimpfungen	③ ② ① ⓪ ① ② ③	sage ich meistens gemeine und verletzende Sachen oder Beschimpfungen

13. Wenn mein Kind sich aufregt, wenn ich ihm etwas verboten habe...

nehme ich das Verbot zurück	③ ② ① ⓪ ① ② ③	bleibe ich dabei

Triple P - Fragebogen zur Elternrolle

Die folgenden Fragen beschreiben, wie es ist, Eltern zu sein. Bitte kreuzen Sie jeweils die Antwort an, die am besten auf Sie zutrifft.

1. Wie schwierig fanden Sie das Verhalten Ihres Kindes insgesamt *in den letzten sechs Wochen*?

①	②	③	④	⑤
überhaupt nicht	ein wenig	mittelmäßig	sehr	extrem

2. In welchem Ausmaß beschreiben die folgenden Aussagen die Erfahrungen, die Sie als Eltern *in den letzten sechs Wochen* gemacht haben?

Elternschaft ist...	überhaupt nicht	ein wenig	mittelmäßig	sehr	extrem
belohnend	①	②	③	④	⑤
anspruchsvoll	①	②	③	④	⑤
belastend	①	②	③	④	⑤
erfüllend	①	②	③	④	⑤
bedrückend	①	②	③	④	⑤

3. Wie zufrieden waren Sie *in den letzten sechs Wochen* mit der Ausübung Ihrer Elternrolle?

①	②	③	④	⑤
überhaupt nicht	ein wenig	mittelmäßig	sehr	extrem

4. Wie stark wurden Sie *in den letzten sechs Wochen* in Ihrer Rolle als Elternteil durch andere Personen unterstützt?

①	②	③	④	⑤
überhaupt nicht	ein wenig	mittelmäßig	sehr	extrem

Wenn Sie einen Partner haben, beantworten Sie bitte die folgenden Fragen.

5. Wie häufig sind Sie über die Methoden der Kindererziehung einer Meinung?

①	②	③	④	⑤
überhaupt nicht	selten	manchmal	oft	immer

6. War Ihr(e) Partner(in) *in den letzten sechs Wochen* für Sie in Ihrer Rolle als Elternteil eine Unterstützung?

①	②	③	④	⑤
überhaupt nicht	ein wenig	mittelmäßig	sehr	extrem

7. Wie glücklich schätzen Sie Ihre Partnerschaft insgesamt ein?

⓪	①	②	③	④	⑤	⑥
extrem unglücklich	ziemlich unglücklich	ein wenig unglücklich	glücklich	sehr glücklich	extrem glücklich	perfekt

VIELEN DANK!

Triple P

Positives Erziehungsprogramm

Triple P - Fragebogen für Eltern (nachher)

Name oder Kennwort: ______________________________

Datum: ______________________________

Name des/der Kursleiters/in: ______________________________

Alter des Kindes: ______________________________

Geschlecht des Kindes: ______________________________

Hinweise zum Ausfüllen des Fragebogens: Alle Fragen beziehen sich auf ein Kind. Wenn Sie mehrere Kinder haben, sollten Sie das Kind wählen, an das Sie in letzter Zeit am häufigsten gedacht haben bzw. über das Sie sich am meisten Sorgen machen.

Eybergs Inventar zu kindlichem Verhalten (ECBI)

Es folgt eine Liste von Eigenschaften und Verhaltensweisen, die bei Kindern auftreten.

Geben Sie für jede Eigenschaft an, wie oft sie bei Ihrem Kind zur Zeit zu beobachten ist. Bitte denken Sie daran, für jede Verhaltensweise auch anzugeben, ob sie im Moment ein Problem für Sie darstellt.

	Wie häufig tritt die Verhaltensweise auf? (nie – selten – manchmal – oft – immer)	Stellt sie ein Problem für Sie dar?
1 *Trödelt beim Anziehen…*	① ② ③ ④ ⑤ ⑥ ⑦	❍ JA ❍ NEIN
2 *Trödelt bei den Mahlzeiten…*	① ② ③ ④ ⑤ ⑥ ⑦	❍ JA ❍ NEIN
3 *Zeigt „schlechte Tischmanieren"…*	① ② ③ ④ ⑤ ⑥ ⑦	❍ JA ❍ NEIN
4 *Verweigert das Essen…*	① ② ③ ④ ⑤ ⑥ ⑦	❍ JA ❍ NEIN
5 *Weigert sich, Aufgaben im Haushalt zu erledigen, wenn er/sie darum gebeten wird…*	① ② ③ ④ ⑤ ⑥ ⑦	❍ JA ❍ NEIN
6 *Trödelt beim Fertigmachen zum Schlafengehen…*	① ② ③ ④ ⑤ ⑥ ⑦	❍ JA ❍ NEIN
7 *Weigert sich, rechtzeitig zu Bett zu gehen…*	① ② ③ ④ ⑤ ⑥ ⑦	❍ JA ❍ NEIN
8 *Hält sich nicht an Absprachen und Familienregeln…*	① ② ③ ④ ⑤ ⑥ ⑦	❍ JA ❍ NEIN
9 *Gehorcht erst bei Strafandrohung…*	① ② ③ ④ ⑤ ⑥ ⑦	❍ JA ❍ NEIN
10 *Verhält sich trotzig, wenn er/sie etwas tun soll…*	① ② ③ ④ ⑤ ⑥ ⑦	❍ JA ❍ NEIN
11 *Streitet mit den Eltern über Regeln…*	① ② ③ ④ ⑤ ⑥ ⑦	❍ JA ❍ NEIN
12 *Wird wütend, wenn es nicht nach seinem/ihrem Willen geht…*	① ② ③ ④ ⑤ ⑥ ⑦	❍ JA ❍ NEIN
13 *Hat Wutanfälle…*	① ② ③ ④ ⑤ ⑥ ⑦	❍ JA ❍ NEIN
14 *Widerspricht Erwachsenen…*	① ② ③ ④ ⑤ ⑥ ⑦	❍ JA ❍ NEIN
15 *Quengelt oder jammert…*	① ② ③ ④ ⑤ ⑥ ⑦	❍ JA ❍ NEIN
16 *Weint leicht…*	① ② ③ ④ ⑤ ⑥ ⑦	❍ JA ❍ NEIN
17 *Schreit viel…*	① ② ③ ④ ⑤ ⑥ ⑦	❍ JA ❍ NEIN
18 *Schlägt die Eltern…*	① ② ③ ④ ⑤ ⑥ ⑦	❍ JA ❍ NEIN
19 *Zerstört Spielzeug und andere Dinge…*	① ② ③ ④ ⑤ ⑥ ⑦	❍ JA ❍ NEIN

	Wie häufig tritt die Verhaltensweise auf? (nie ① – selten ② ③ – manchmal ④ – oft ⑤ ⑥ – immer ⑦)	Stellt sie ein Problem für Sie dar?
20 *Geht sorglos mit Spielzeug und anderen Dingen um…*	① ② ③ ④ ⑤ ⑥ ⑦	❍ JA ❍ NEIN
21 *Stiehlt…*	① ② ③ ④ ⑤ ⑥ ⑦	❍ JA ❍ NEIN
22 *Lügt…*	① ② ③ ④ ⑤ ⑥ ⑦	❍ JA ❍ NEIN
23 *Verhält sich anderen Kindern gegenüber hinterhältig (oder provoziert)…*	① ② ③ ④ ⑤ ⑥ ⑦	❍ JA ❍ NEIN
24 *Zankt mit Gleichaltrigen…*	① ② ③ ④ ⑤ ⑥ ⑦	❍ JA ❍ NEIN
25 *Zankt mit Geschwistern…*	① ② ③ ④ ⑤ ⑥ ⑦	❍ JA ❍ NEIN
26 *Hat körperliche Auseinandersetzungen mit Gleichaltrigen…*	① ② ③ ④ ⑤ ⑥ ⑦	❍ JA ❍ NEIN
27 *Hat körperliche Auseinandersetzungen mit Geschwistern…*	① ② ③ ④ ⑤ ⑥ ⑦	❍ JA ❍ NEIN
28 *Fordert ständig Beachtung…*	① ② ③ ④ ⑤ ⑥ ⑦	❍ JA ❍ NEIN
29 *Unterbricht und stört andere…*	① ② ③ ④ ⑤ ⑥ ⑦	❍ JA ❍ NEIN
30 *Ist unaufmerksam und leicht ablenkbar…*	① ② ③ ④ ⑤ ⑥ ⑦	❍ JA ❍ NEIN
31 *Kann sich nicht lange konzentrieren…*	① ② ③ ④ ⑤ ⑥ ⑦	❍ JA ❍ NEIN
32 *Bringt angefangene Dinge/Aufgaben nicht zu Ende…*	① ② ③ ④ ⑤ ⑥ ⑦	❍ JA ❍ NEIN
33 *Hat Schwierigkeiten, sich selbst zu beschäftigen…*	① ② ③ ④ ⑤ ⑥ ⑦	❍ JA ❍ NEIN
34 *Hat Schwierigkeiten, sich auf eine Sache zu konzentrieren…*	① ② ③ ④ ⑤ ⑥ ⑦	❍ JA ❍ NEIN
35 *Ist überaktiv oder ruhelos…*	① ② ③ ④ ⑤ ⑥ ⑦	❍ JA ❍ NEIN
36 *Nässt nachts ein…*	① ② ③ ④ ⑤ ⑥ ⑦	❍ JA ❍ NEIN

Erziehungsfragebogen (EFB-K)

(Parenting Scale)

Von Zeit zu Zeit verhalten sich alle Kinder ungezogen oder unangemessen. Sie tun Dinge, die ihnen selbst oder anderen schaden oder die ihre Eltern nicht mögen. Eltern haben unterschiedliche Auffassungen darüber, was unter ungezogenem oder unangemessenem Verhalten zu verstehen ist. Das heißt, Sie als Eltern entscheiden selbst, welche Verhaltensweisen Ihres Kindes für Sie ein Problem sind. Beispiele für solche Verhaltensweisen könnten sein:

- andere schlagen oder anschreien
- auf die Straße laufen/weglaufen
- Essen oder andere Dinge herumwerfen
- Jammern oder Quengeln
- sich weigern, aufzuräumen
- sich weigern, ins Bett zu gehen
- Lügen
- immer Beachtung durch Erwachsene verlangen

Eltern gehen auf unterschiedliche Art und Weise mit diesen Problemen um. Nachfolgend sind Aussagen aufgeführt, die einige Arten von Erziehungsverhalten beschreiben. Auf jeweils der rechten und der linken Seite stehen zwei Möglichkeiten, wie sich Eltern in der beschriebenen Situation verhalten können. Die Zahlen bedeuten:

Beispiel:

Bei den Mahlzeiten...

lasse ich mein Kind selbst entscheiden, wieviel es essen möchte	③ ☒ ① ⓪ ① ② ③	entscheide ich darüber, wieviel mein Kind isst

Die angekreuzte Zahl ② würde bedeuten, dass Sie Ihr Kind eher selbst entscheiden lassen, wieviel es essen möchte.

Bitte kreuzen Sie jeweils die Zahl an, die Ihr eigenes Verhalten **in den letzten zwei Monaten** am besten beschreibt. Wenn Sie in der beschriebenen Situation eher so reagieren wie auf der rechten (linken) Seite angegeben, kreuzen Sie je nach Ausprägung die ③, ② oder ① auf der rechten (linken) Seite an. Die ⓪ bedeutet, dass beide Aussagen gleich häufig zutreffen.

1. Wenn mich mein Kind nervt und mir keine Ruhe lässt...

kann ich das gut ignorieren	③ ② ① ⓪ ① ② ③	kann ich das nicht ignorieren

2. Ich drohe mit Dingen...

bei denen ich mir sicher bin, dass ich sie verwirklichen kann	③ ② ① ⓪ ① ② ③	von denen ich weiß, dass ich sie nicht tun werde

3. Ich bin eine Mutter/ein Vater...

die/der Grenzen setzt und meinem Kind sagt, was erlaubt ist und was nicht	③ ② ① ⓪ ① ② ③	die/der mein Kind das tun lässt, was es will

4. Wenn mein Kind ungezogen ist oder sich unangemessen verhält...

hebe ich meine Stimme oder schreie mein Kind an	③ ② ① ⓪ ① ② ③	spreche ich ruhig mit meinem Kind

5. Wenn mein Kind nicht in meiner Nähe ist...

weiß ich oft nicht, was es gerade tut	③ ② ① ⓪ ① ② ③	weiß ich meistens in etwa, was es gerade tut

6. Wenn mein Kind etwas tut, was ich nicht mag...

unternehme ich jedesmal etwas dagegen	③ ② ① ⓪ ① ② ③	lasse ich es oft einfach durchgehen

7. Wenn es ein Problem mit meinem Kind gibt...

entgleitet mir die Situation häufig, und ich tue Dinge, die ich gar nicht tun wollte	③ ② ① ⓪ ① ② ③	habe ich mich unter Kontrolle

8. Wenn ich eine angemessene Drohung oder Warnung ausspreche...

setze ich sie oft nicht in die Tat um	③ ② ① ⓪ ① ② ③	setze ich sie auch in die Tat um

9. Wenn mein Kind ungezogen ist oder sich unangemessen verhält...

gehe ich damit um, ohne mich aus der Fassung bringen zu lassen	③ ② ① ⓪ ① ② ③	bin ich so verärgert und frustriert, dass mein Kind merkt, dass es mich aus der Fassung gebracht hat

10. Wenn mein Kind ungezogen ist oder sich unangemessen verhält...

fluche ich selten und gebrauche selten Schimpfwörter	③ ② ① ⓪ ① ② ③	fluche ich oft und gebrauche oft Schimpfwörter

11. Wenn ich meinem Kind etwas verboten habe...

lasse ich es mein Kind dann häufig trotzdem tun	③ ② ① ⓪ ① ② ③	halte ich mich an das, was ich gesagt habe

12. Wenn mein Kind etwas tut, das ich nicht möchte...

sage ich nie oder selten gemeine und verletzende Sachen oder Beschimpfungen	③ ② ① ⓪ ① ② ③	sage ich meistens gemeine und verletzende Sachen oder Beschimpfungen

13. Wenn mein Kind sich aufregt, wenn ich ihm etwas verboten habe...

nehme ich das Verbot zurück	③ ② ① ⓪ ① ② ③	bleibe ich dabei

Triple P - Fragebogen zur Elternrolle

Die folgenden Fragen beschreiben, wie es ist, Eltern zu sein. Bitte kreuzen Sie jeweils die Antwort an, die am besten auf Sie zutrifft.

1. Wie schwierig fanden Sie das Verhalten Ihres Kindes insgesamt *in den letzten sechs Wochen*?

①	②	③	④	⑤
überhaupt nicht	ein wenig	mittelmäßig	sehr	extrem

2. In welchem Ausmaß beschreiben die folgenden Aussagen die Erfahrungen, die Sie als Eltern *in den letzten sechs Wochen* gemacht haben?

Elternschaft ist...	überhaupt nicht	ein wenig	mittelmäßig	sehr	extrem
belohnend	①	②	③	④	⑤
anspruchsvoll	①	②	③	④	⑤
belastend	①	②	③	④	⑤
erfüllend	①	②	③	④	⑤
bedrückend	①	②	③	④	⑤

3. Wie zufrieden waren Sie *in den letzten sechs Wochen* mit der Ausübung Ihrer Elternrolle?

①	②	③	④	⑤
überhaupt nicht	ein wenig	mittelmäßig	sehr	extrem

4. Wie stark wurden Sie *in den letzten sechs Wochen* in Ihrer Rolle als Elternteil durch andere Personen unterstützt?

①	②	③	④	⑤
überhaupt nicht	ein wenig	mittelmäßig	sehr	extrem

Wenn Sie einen Partner haben, beantworten Sie bitte die folgenden Fragen.

5. Wie häufig sind Sie über die Methoden der Kindererziehung einer Meinung?

①	②	③	④	⑤
überhaupt nicht	selten	manchmal	oft	immer

6. War Ihr(e) Partner(in) *in den letzten sechs Wochen* für Sie in Ihrer Rolle als Elternteil eine Unterstützung?

①	②	③	④	⑤
überhaupt nicht	ein wenig	mittelmäßig	sehr	extrem

7. Wie glücklich schätzen Sie Ihre Partnerschaft insgesamt ein?

⓪	①	②	③	④	⑤	⑥
extrem unglücklich	ziemlich unglücklich	ein wenig unglücklich	glücklich	sehr glücklich	extrem glücklich	perfekt

Triple P - Kursbeurteilung

Dieser Fragebogen soll uns helfen, unser Programm zu bewerten und kontinuierlich zu verbessern. Deshalb möchten wir gerne Ihre ehrliche Meinung über das Programm erfahren, egal ob sie positiv oder negativ ausfällt.
Kreuzen Sie bitte bei allen Fragen jeweils die Antwort an, die am besten beschreibt, was Sie denken.

1. Wie würden Sie die Qualität des Triple P - Angebots, das Sie und Ihr Kind erhalten haben, bewerten?

①	②	③	④	⑤	⑥	⑦
schlecht		ausreichend		gut		hervorragend

2. Haben Sie die Hilfe bekommen, die Sie erwartet haben?

①	②	③	④	⑤	⑥	⑦
nein, gar nicht		eher nicht		eher ja		ja, völlig

3. War die Kursleitung fachlich kompetent?

①	②	③	④	⑤	⑥	⑦
nein, gar nicht		eher nicht		eher ja		ja, völlig

4. Fühlten Sie sich von der Kursleitung ernstgenommen und unterstützt?

①	②	③	④	⑤	⑥	⑦
nein, gar nicht		eher nicht		eher ja		ja, völlig

5. War die Atmosphäre im Kurs angenehm?

①	②	③	④	⑤	⑥	⑦
nein, gar nicht		eher nicht		eher ja		ja, völlig

6. Hat das Programm den Bedürfnissen *Ihres Kindes* entsprochen?

①	②	③	④	⑤	⑥	⑦
es entsprach keinen Bedürfnissen		es entsprach nur wenigen Bedürfnissen		es entsprach den meisten Bedürfnissen		es entsprach allen Bedürfnissen

7. Hat das Programm *Ihren* Bedürfnissen entsprochen?

①	②	③	④	⑤	⑥	⑦
es entsprach keinen Bedürfnissen		es entsprach nur wenigen Bedürfnissen		es entsprach den meisten Bedürfnissen		es entsprach allen Bedürfnissen

8. Wie zufrieden waren Sie mit der „Menge“ an Hilfe, die Sie zum Umgang mit Ihrem Kind erhalten haben?

①	②	③	④	⑤	⑥	⑦
sehr unzufrieden		unzufrieden		zufrieden		sehr zufrieden

9. Hat das Programm Ihnen dabei geholfen, besser mit dem Verhalten Ihres Kindes umzugehen?

①	②	③	④	⑤	⑥	⑦
nein, gar nicht		eher nicht		ja, ein wenig		ja, auf jeden Fall

10. Hat das Programm Ihnen dabei geholfen, besser mit Problemen in der Familie generell umzugehen?

①	②	③	④	⑤	⑥	⑦
nein, gar nicht		eher nicht		ja, ein wenig		ja, auf jeden Fall

Wenn ja: Welche positiven Veränderungen haben Sie im Verhalten Ihres Kindes, in Ihrem eigenen Verhalten und innerhalb Ihres Familienalltags festgestellt? (ggf. Rückseite des Fragebogens benutzen)

____

____

____

____

11. Glauben Sie, dass Ihre Partnerschaft von dem Programm profitiert hat?

①	②	③	④	⑤	⑥	⑦
nein, gar nicht		eher nicht		eher ja		ja, völlig

12. Wie zufrieden waren Sie insgesamt mit dem Programm?

①	②	③	④	⑤	⑥	⑦
sehr unzufrieden		unzufrieden		zufrieden		sehr zufrieden

13. Kämen Sie auf Triple P zurück, wenn Sie erneut Hilfe suchen würden?

①	②	③	④	⑤	⑥	⑦
nein, auf keinen Fall		eher nicht		ja, eventuell		ja, auf jeden Fall

14. Hat Ihnen das Programm geholfen, Strategien zu entwickeln, die Sie an andere Familienmitglieder weitergeben konnten?

①	②	③	④	⑤	⑥	⑦
nein, auf keinen Fall		eher nicht		ja, eventuell		ja, auf jeden Fall

15. Wie ist das Verhalten Ihres Kindes zu diesem Zeitpunkt?

①	②	③	④	⑤	⑥	⑦
viel schlechter	schlechter	etwas schlechter	wie vorher	etwas besser	besser	viel besser

16. Wie zufrieden sind Sie mit den Fortschritten Ihres Kindes?

①	②	③	④	⑤	⑥	⑦
sehr unzufrieden	unzufrieden	eher unzufrieden	neutral	eher zufrieden	zufrieden	sehr zufrieden

17. Die folgenden Themen wurden im Triple P - Gruppenprogramm behandelt. Schätzen Sie bitte jeden der aufgeführten Punkte dahingehend ein,

- ob Sie die Inhalte für Ihre persönliche familiäre Situation hilfreich finden und
- inwieweit Sie die erlernten Strategien anwenden.

	Ist/War für unsere persönliche familiäre Situation hilfreich.	Anwendung der Strategien
	① = stimmt gar nicht ② = stimmt überwiegend nicht ③ = stimmt überwiegend ④ = stimmt vollkommen	① = habe ich nie ausprobiert ② = habe ich schon vorher praktiziert ③ = habe ich im Rahmen des Programms ausprobiert ④ = habe ich als festen Bestandteil in meine Erziehungsmethoden aufgenommen
1. Sitzung: Prinzipien der Positiven Erziehung	① ② ③ ④	
2. Sitzung: Förderung der kindlichen Entwicklung	① ② ③ ④	
Wertvolle Zeit verbringen	① ② ③ ④	① ② ③ ④
Mit Ihrem Kind sprechen	① ② ③ ④	① ② ③ ④
Zuneigung zeigen	① ② ③ ④	① ② ③ ④
Loben	① ② ③ ④	① ② ③ ④
Aufmerksamkeit schenken	① ② ③ ④	① ② ③ ④
Ideen für spannende Beschäftigungen	① ② ③ ④	① ② ③ ④
Lernen am Modell	① ② ③ ④	① ② ③ ④
Beiläufiges Lernen	① ② ③ ④	① ② ③ ④
Fragen-Sagen-Tun	① ② ③ ④	① ② ③ ④
Punktekarte	① ② ③ ④	① ② ③ ④
3. Sitzung: Umgang mit Problemverhalten	① ② ③ ④	
Familienregeln	① ② ③ ④	① ② ③ ④
Direktes Ansprechen	① ② ③ ④	① ② ③ ④
Absichtliches Ignorieren	① ② ③ ④	① ② ③ ④
Klare ruhige Anweisungen	① ② ③ ④	① ② ③ ④
Logische Konsequenzen	① ② ③ ④	① ② ③ ④
Stiller Stuhl	① ② ③ ④	① ② ③ ④
Auszeit	① ② ③ ④	① ② ③ ④
4. Sitzung: Vorausplanen	① ② ③ ④	
5.–8. Sitzung (Telefonkontakte): Einsatz von Erziehungsroutinen	① ② ③ ④	

Warum wenden Sie (eine) bestimmte Strategie(n) nicht bzw. nicht mehr an?

18. Haben Sie während des Programms an anderer Stelle Hilfe für die Erziehung Ihres Kindes oder für Ihre Familie gesucht?

19. Hatte Ihr Kind Probleme, die Ihrer Meinung nach Ursache für „schwieriges" Verhalten sein könnten (z. B. Behinderung, chronische Krankheit)?

20. Haben Sie noch Anmerkungen zu dem Programm (z. B. was Ihnen besonders gut gefallen hat oder was verändert werden sollte)?

VIELEN DANK!